Deuber's Geschichte der Schifffahrt im atlantischen Ozean

Deuber's Geschichte der Schifffahrt im atlantischen Ozean

ISBN/EAN: 9783954271245
Erscheinungsjahr: 2012
Erscheinungsort: Bremen, Deutschland

© maritimepress in Europäischer Hochschulverlag GmbH & Co. KG, Fahrenheitstr. 1, 28359 Bremen. Alle Rechte beim Verlag und bei den jeweiligen Lizenzgebern.

www.maritimepress.de | office@maritimepress.de

Bei diesem Titel handelt es sich um den Nachdruck eines historischen, lange vergriffenen Buches. Da elektronische Druckvorlagen für diese Titel nicht existieren, musste auf alte Vorlagen zurückgegriffen werden. Hieraus zwangsläufig resultierende Qualitätsverluste bitten wir zu entschuldigen.

Deuber's, Dr. u. Prof.,
Geschichte der Schifffahrt
im
atlantischen Ozean;

zum Beweis,
daß Amerika schon lange vor Chr. Colombo, und auch der Compaß, das Mittel zu großen Seereisen, vor Flavio Gioja entdeckt worden sey. Angehängt ist Chr. Colombo's eigener Bericht an Raphael Sanxis, den Schatzmeister des Königs von Spanien.

Bamberg, 1814
bey C. F. Kunz in Commission.

Sic majora alia, alia clariora sunt; nec Martini Behaimi nomen tantopere celebratur, quanto Columbi, Americi aut Magellani, quamvis merito suo his tribus sit præferendum. Christ. Cellarii Historia Antiqua: De rebus Sæculi christiani XV. p. 204.

Die Frage, ob Christoph Colombo den vierten Welttheil zuerst entdeckt, oder nur wieder aufgefunden habe, ist bey weitem nicht so entschieden, wie die herrschende Meinung vorauszusetzen scheint; sie gehört vielmehr unter die strittigen Punkte in der Geschichte, worüber die wissenschaftlichen Verhandlungen noch nicht geschlossen sind. So enthielt ohnlängst ein beliebtes Tagblatt (Neue Jugendzeitung. Leipzig 1814. Nr 50. S. 398) die Bemerkung: in alten Schriftstellern treffe man hie und da schwache Spuren, daß Amerika in ältern Zeiten nicht ganz unbekannt gewesen; die Spur verlasse uns aber, wo wir sie weiter verfolgen wollen, und wir blieben über diesen Punkt bis jetzt noch im Dunkeln. Ich will nichts von den Schriftstellern des sechzehnten und siebzehnten Jahrhunderts sagen, welche die nemliche Vermuthung äusserten; aber gestützt auf das Ansehen unsers unsterblichen Joh. v. Müller, und des großen Naturforschers Alex. v. Humboldt will ich versuchen, diese Spur von den ältesten bis zu den neueren Zeiten zu verfolgen und aufzuhellen.

Soll ein historisches Faktum für wahr gelten; so ist die Coexistenz und ununterbrochene Fortdauer mehrerer, unter gebildeten Völkern blühenden, Gelehrten nothwendig, die dasselbe erzählten und wegen critischer Reflexion und philosophischen Scharfblickes unser Zutrauen verdienen. Nur mit dem Zeitpunkte, mit welchem ein gelehrtes Publikum beginnt, kann die wahre Geschichte beginnen.

Setzen wir in der Universalgeschichte drey Perioden, von Æ bis Chr. Geb., von da bis 800 nach Chr. und von 800 bis 1492. Am Ende der dritten wurde Amerika angeblich entdeckt. Zugegeben, in der zweyten sey das gelehrte Publikum unterbrochen worden, in der ersten haben viele Classiker eines von unserm Continente geschiedenen großen Landes erwähnt, das Europa an Umfang weit übertrifft; so werden diese für uns nur gültig seyn, wenn uns die zweyte mit der ersten Periode verbindet: Da nun die zweyte nach der Voraussetzung unterbrochen ist; so sind die Schriftsteller aus der ersten für uns ohne historischen Werth. Würde aber im umgekehrten Falle nachgewiesen werden, daß sich dem gelehrten Publikum im ersten Zeitalter ein solches im zweyten anschloß, daß die frühere Kenntniß, die man von der neuen Welt in der ersten Periode hatte, durch classische

Schriftsteller aus der zweyten bestättigt wird, daß diese Kenntniß von der zweyten bis zur dritten Periode fortgepflanzt worden ist; so könnte die Skepsis die Behauptung von Amerika's früherer Kunde durchaus nicht in Anspruch nehmen.

Allein ein so strenger, den Prinzipien des historischen Rigorismus gemäßer, Beweis kann nicht geführt werden. Im Mittelalter hatten die Gelehrten von den verschiedenen Nationen Europa's noch wenige Verbindungen untereinander. Manche Entdeckung, manche Kunst wurde nicht gehörig gewürdiget oder ging ganz verloren. Die Fortschritte, welche die Portugiesen in der Geographie machten, müssen mehr auf Rechnung ihrer Habsucht, als des Wunsches, sich zu unterrichten, gebracht werden. Die Bewohner der pyrenäischen Halbinsel begnügten sich, Gold aus weiter Ferne zu hohlen, während der Deutsche und der Italiener das Andenken von ihrer Grausamkeit in seinen Schriften brandmarkte. Das Emporsteigen des Handels, das die aufkeimenden Colonieen in Peru, Mexiko und Brasilien bewirkten, die Gründung des Nordamerikanischen Freystaates, die Verbreitung des Christenthums — Dieß mögen wohl die besten, nicht aber die letzten Resultate vom Uebergang der Neu=Europäer über das atlantische Meer seyn. Noch lassen sich die Folgen des Krieges nicht berechnen, den das mächtige England mit seinem feindseligen Tochterstaate, von Canada aus, nachdrücklichst unternommen hat, vielleicht auch, daß jenseits dieses Meeres der gegenwärtige Kampf der Partheyen, für und gegen den neuen Monarchen Spaniens, neue politische Schöpfungen in Südamerika gebiert!

Erst seit Chr. Colombo ist Amerika universalhistorisch wichtig geworden. Sey es, daß im Alterthum und Mittelalter nur einzelne Nationen aus der Kunde dieses unermeßlichen Landes blos merkantilische und keine anderen Vortheile gezogen hätten, so verlohnts demohngeachtet der Mühe, die historischen Bruchstücke, die in der Völkergeschichte hin und wieder zerstreut liegen und darauf Bezug haben, zu suchen und wo möglich in systematische Ordnung zu bringen. Uebrigens mögen Denkmäler und unverwerfliche Zeugen sprechen, wo die Geschichte schweigt.

Wer mit mir über das Resultat, daß Amerika im Alterthum und Mittelalter schon bekannt gewesen sey, einverstanden ist; der wird das, was ich nebenher über Afrika's Umschiffung, und hauptsächlich über den frühzeitigen Gebrauch des Compasses gesagt habe, fast noch merkwürdiger finden.

Bamberg den 1. Sept. 1814.

Als Cyrus auf dem persischen Throne saß, waren bereits von den Begebenheiten der Stadt Saïs, der Hauptstadt in demjenigen Landstriche Aegyptens, den man das Delta nennt, acht tausend Jahre in den heiligen Schriften der saïtischen Priester verzeichnet. Sie, als welche die beste Auskunft geben konnten, fragte Solon, der attische Philosoph und Gesetzgeber, um die Geschichte der Vorwelt, und einer der Aeltesten unter ihnen, Souchis mit Namen, theilte ihm hierauf die Kunde von der Insel Atlantis mit. Da, wo das mittelländische Meer in den Ozean hinüberströmt, lag sie vor der Mündung der Herkulessäulen: sie übertraf an Größe Afrika und Asien zusammengenommen; hatte einen Ueberfluß an Wäldern, Viehweiden, Kräutern, Blumen, Gewürzen, Wein und an Allem, was zur Nahrung oder zum Vergnügen gehöret; nährte in ihrem Schoos sämmtliche Metalle, worunter auch das edle Orichalk war, feuerfarbig glänzend und nach dem Gold das köstlichste. Diesen Reichthum benützten die Eingebornen, ihre Tempel, königlichen Paläste, Hafen und Städte auf das prächtigste aufzubauen. Die Ufer waren sehr steil und gebirgig, aber um die Hauptstadt, von wo aus die Nachkommen des Atlas das ganze in zehn Provinzen eingetheilte Land beherrschten, verbreitete sich eine weite Ebene. Neun Unterkönige kamen hier alle fünf oder sechs Jahre beym Monarchen zusammen, und beratheten sich gemeinschaftlich über alle öffentlichen Angelegenheiten und Rechtssachen, zu welcher Rathssitzung sie sich durch eine feierliche Religionsübung vorher einweihten. Die gefällten Urtheile wurden in goldene Tafeln eingegraben und zum Gedächtniß im Neptunstempel niedergelegt. Derselbe stand mitten in der königlichen Burg, mit einem goldenen Geländer umgeben; von aussen ganz und gar mit Silber überzogen und den Gipfel mit Gold; von innen mit Elfenbein bedeckt, worin Gold, Silber und Orichalk eingelegt war; die Wände aber, Säulen und Fußboden waren aus Orichalk; aus gediegenem Golde die Bildnisse sowohl des Neptuns auf einem mit sechs Flügelpferden bespannten Wagen, als auch der hundert um ihn her gereihten Nereiden auf Delphinen. Mit der Größe, Schönheit und Pracht des Tempels stimmte auch der königliche Palast überein. Viele Geschlechter hindurch erhielt sich das Göttliche in der Natur dieser Insulaner; sie zeichneten sich durch reine und erhabene Gesinnungen, Bescheidenheit und Klugheit aus, sowohl bey den zufälligen Veränderungen des Glücks, als auch im wechselseitigen Verkehr. Allgemeine Freundschaft und Tugend knüpften das gesellschaftliche Band. Nachdem aber das Göttliche in ihnen allmählig verloren ging, indem zuviel Irdisches sich damit vermischte, welches endlich sogar die Oberhand behielt; so fingen sie an, ihre Würde zu verläugnen, wurden stolz und übermüthig. Jezt erreichte sie die Nemesis, und der Allmächtige beschloß, die Insel durch ein Erdbeben der Oberwelt zu entziehen. Unter Erschütterungen und Fluthen ward Atlantis binnen Tag und Nacht vom Meer verschlungen, das davon das atlantische heißt und zu Solons Zeiten wegen des überall vorhandenen Schlammes, den die Insel zurückließ, unschiffbar gewesen ist. 1)

---

1) Platons Dialogen: Timaios und Kritias.

Lassen wir einsweilen die Frage beseitigt, ob die ehemalige Existenz der Atlantis nicht ein philosophischer Traum und das traurige Schicksal derselben ein ägyptisches Volksmärchen sey, von Seefahrern ersonnen und von Priestern beglaubigt, um griechische Kaufleute von der weiten Fahrt über die gaditanische Meerenge hinaus abzuschrecken: Wenn man aber mit dieser alten Schilderung eines glückseligen Eilandes aus ägyptischen Nachrichten, die neue Beschreibung vom südlichen Amerika aus peruanischen Schriften 2) in Betrachtung zieht, so findet rücksichtlich der Pracht und des Goldreichthums beyderseits eine auffallende Aehnlichkeit statt.

Als die Spanier Montezuma's und Atahualipa's Reiche zerstörten, so fanden sie in den Tempeln, Palästen und Gärten von Peru und Mexiko eine Menge Statuen, Gefäße und Platten aus jenem Metall, das nach gewöhnlichen Begriffen

2) Skinner über die Sitten und Gebräuche der Peruaner in der Ebene Pampa del Sacramento und in dem Andesgebirge. Einen Auszug aus diesem 1805 in England erschienenen kostbaren Werke findet man in der Minerva I". B. für das Jahr 1805 S. 511. fortges. im I. B. für das Jahr 1806.

die Größe, den Adel und das Glück der Menschen ausmacht. Diesseits der peruanischen Cordilleras und in den Ebenen, die das Andesgebirg umschließt, suchte man sogar das Reich Eldorado, und in demselben die Hauptstadt Manoa, deren Mauern mit Bildsäulen und Thürmchen vom feinsten Golde geschmückt wären. Manoa war in jenen Zeiten der allgemeine Name, unter welchem man die sehr zahlreichen Völkerstämme der Maynas, Kakamas, Panos u. a. begriff, und Omaguas ist die Provinz, die diesen Namen noch führt, und in welcher San Joaquin der Hauptort ist. Ums Jahr 1635 wollte Don Francisco Bohorquez auch das Königreich Enim entdeckt haben. Der königliche Alkazar oder Palast ruhte auf Porphyr- und Alabastersäulen, und war mit einer geräumigen Gallerie umgeben, an welcher die Ceder und das Ebenholz in tausend verschiedenen Gestalten verarbeitet waren. Es schien, als hätten Natur und Kunst einander herausgefordert, hier an Pracht und Schönheit zu wetteifern.

Kehren wir zu Platons Atlantis zurück. Solon hat jene Geschichte, welche ihm nicht nur von dem saïtischen Priester erzählt, sondern noch von einem andern aus Heliopolis, Pfenophis mit Namen, bestätigt worden, in Verse zu setzen angefangen, doch Alters wegen die Vollendung unterlassen. 3) Auch Pythagoras hat sich Bemerkungen über unzählige Jahrhunderte der Vorzeit aus den ägyptischen Tempelbüchern gesammelt. 4) Sey es immerhin, daß man die ägyptische Geschichte, in so weit wir dieselbe durch die Griechen kennen, als eine auf der Deutung und Misdeutung der Hieroglyphen beruhende Priester-Tradition ansehen müssen; sey es, daß viel davon die Proben der historischen Critik nicht aushält; alles als fabelhaft verwerfen wollen, hieße den berühmtesten Weisen des Alterthums die Glaubwürdigkeit, hieße selbst die Erkenntnißfähigkeit absprechen, besonders, wenn ihnen die Tempelarchive zu Gebot standen, wo sie mit eigenen Augen lesen und das Gelesene prüfen konnten. Deßwegen wurde vielleicht die Platonische Nacherzählung als wahre Geschichte angenommen; vom äthiopischen Historiographen Marcellus, auf den sich Proclus beruft; von Strabo, dem sonst scharfen Critiker

---

3) Plutarch im Leben Solons.
4) Valerius Maximus L. VIII. c. 7.

und von Crantor, dem ersten Uebersetzer Platons. Einer der ältesten Geschichtschreiber der neuen Welt, Pierre Martyr berichtet, nach amerikanischen Sagen seyen die Inseln Cuba, Haiti, Jamaica u. a. ehemals ein Continent gewesen; 5) und J. B. Leclerc 6) nimmt mit Raynal und mit vielen Andern an, daß die westindischen Inseln durch unterirdische Entzündungen und Erdbeben vom amerik. Continent losgerissen worden seyen. Vor einer solchen traurigen Katastrophe hätten die Caraiben ein großes Land bewohnt, wovon die kleinen Antillen noch die Ueberreste wären.

5) Innumerabiles mexicani Sinus insulas, quas uno nomine Iucaias dicunt, cum cæteris majoribus, Aiti, Cuba, Jamaica, Borriquen, unam olim Continentem fuisse. Ita ex Majorum antiquissima traditione ipsos incolas asserere. Labentibus sæculis avulsas vi tempestatis et exiguis fretis divisas in tantum numerum excrevisse. Rem Hispanis quoque credibilem videri, neque de ea multum dubitandum esse. Dieser berühmte Historiker, ein mailändischer Priester, starb 1525.

6) Ueber den Ursprung der Caraiben. Eine akad. Abhandlung im März 1802. Der Verfasser ist als Mitglied des franz. National-Instituts bekannt.

Auch ohne alle Urkunde ältester Geschichte, ohne Tradition der Völker, ohne physikalische Hypothesen lehrt schon der bloße Anblick des Erdglobus, daß zu verschiedenen Zeiten sehr wichtige Veränderungen an der Erde vorgehen mußten, wodurch, nach G. Forsters sinnreicher Vermuthung, die Kaspische See und der Pontus Euxinus als die Kessel des großen asiatischen Meeres zurückblieben, das sich nach Europa gestürzt und zwischen den drey Theilen der alten Welt das mittelländische Meer gebildet hat; Veränderungen, wodurch Afrika von Spanien, England von Gallien getrennt, festes Land von Batavien durch die tiefer eindringende Nordsee verschlungen worden. So wie sich jetzt der Ozean vom nördlichen gegen den südlichen Pol senkt, was besonders in Schweden durch Zurücktrettung und in Ostindien durch Anschwellung des Seewassers bemerkbar ist, hatte er vielleicht vor Jahrtausenden die entgegengesetzte Strömung. Bey den vielen Inseln und Buchten, die sich um Grönland anhäufen, ist es beynahe augenscheinlich, daß das Meer gegen den Aequator zurückgehe, indem die Ebbe, die sich beym Statenhock bis auf 18 Schuhe erhebt, in der Diskobai, welche zehn Grade nördlicher Breite höher liegt, nur auf 8 Schuhe steigt. 7) Was war die Ursache, warum die Kimbern, Teutonen und Tiguriner von den äussersten Gränzen Galliens auswanderten? Was anders als Ueberschwemmung. 8) Die Erfahrung bestättigt, daß Inseln und große Landstriche durch Erdbeben versanken. Und wo sind dergleichen Umstürzungen häufiger, als in der andern Hemisphäre, wegen der vielen Vulkane? Im J. 1586, den 23. Dez. ist die Stadt Guatimala auf solche Art fast ganz zerstört worden, während zugleich ein benachbarter Berg, sechs Monate lang, Feuer auswarf. Was soll ich von den Erdbeben auf Jamaika (1692, 22. Juni) wo der Hafen Port royal, und in Peru

7) Abrégé de L'Histoire générale des Voyages. L. V. Chap. I. p. 108. Eben so merkwürdig ist, was der berühmte J. Skaliger zu seiner Zeit erzählt: Le Zyp en Northolland estoit tout couvert d'eau, je l'ay veu ainsi, et puis estant seché, je l'ay veu tout couvert de bled Scaligeriana, sive Excerpta ex ore Jos. Scaligeri. Lugd. Bat. 1658. p. 365.

8) Florus L. III. c. 3.

(1746, 28. Okt.) sagen, wo in einer Nacht ganz Callao zu Grunde ging, und die Hauptstadt Lima ein ähnliches Schicksal erlitt, wie einige Dezennien später Lissabon in Portugall? Man erinnert sich noch des Jahrs 1797, als am 20. Febr. in der Provinz Quito ein weiter Bezirk mit Städten und Dörfern in einen Schwefelsee verwandelt wurde. Auch Atlantis ging in einem Erdbeben unter.

Wir wollen uns nicht in Muthmassungen verlieren, wann dieß geschehen sey, sondern vielmehr eine Thatsache nach der platonischen Erzählung untersuchen. Die Aegyptier treten hier als das Volk auf, dem die Lage, Fruchtbarkeit, Verfassung und endlich das Schicksal dieser Insel bekannt war. Woher konnte diese Kenntniß zu ihnen gelangt seyn? Blos durch Schiffarth und Handel.

Die Anfänge der nautischen Kunst reichen bey den Völkern des Alterthums über ihre Geschichte hinauf: was diese verschwiegen hat, wurde in der Mythe aufbewahrt. Der Nil gab den Aegyptiern die Vorübungen zu Seereisen und die Königin Isis, die sie nach ihrem Tode als Göttin verehrten, soll ihre Lehrerin in der Schiffarth gewesen seyn. Deßwegen wurde jährlich am Isisfeste ein Schiffchen aus kostbarem Metall, als Symbol, von ihren Priestern bey feyerlicher Prozession herumgetragen. 9) Dieser Gebrauch hat sich viele Jahrhunderte erhalten; auch nachdem die Römer das Reich der Ptolemäer zerstört hatten. Die Sagen von der Fahrt des Danaus nach Griechenland, und von den Unternehmungen des Osiris und Sesostris nach Indien, deuten auf frühe Bekanntschaft der Aegyptier mit den Griechen und Indiern hin, so wie in einem nähern Zeitraum der wahren Historie die Flucht derselben über das rothe Meer nach dem Ganges, als des Cyrus Sohn und Nachfolger seine siegreichen Waffen über den Nil trug. Aber schon lange, ehe Aegypten unter den Szepter der Perser kam, schon zu Psammetichs Zeiten (669 v. Chr.) war dieß Reich eine Seemacht und unterstützte durch Flotten seine Ansprüche auf die Herrschaft des westlichen Asiens. Neco, dessen weiterm Vordringen der babylonische Nebucadnezar Schranken setzte, ließ Häfen und Arsenale anlegen, deren Ruinen noch Herodotos

9) Apulejus in Metamorph.

bewunderte; unterhielt beträchtliche Flotten auf dem mittelländischen und rothen Meere, und faßte den Plan, die Südspitze von Afrika umschiffen zu laſſen. Zu dieſer wichtigen Unternehmung bediente er ſich phöniziſcher Seeleute, wie ſchon vor ihm der jüdiſche König Salomo ſich ihrer bedient hatte, um ſeine Flotte von Eziongeber nach Ophir und Tharſchiſch zu bringen. Vom arabiſchen Meerbuſen gingen jene Seefahrer aus, durch die Säulen des Herkules kamen ſie ins mittelländiſche Meer nach drey Jahren zurück. Den Ort, wo ſie ſich eingeſchifft hatten, wußte man noch zu den Zeiten des Darius Hyſtaſpes. 10) Die Aegyptier hatten Landkarten, worin alle Straſſen zu Waſſer und zu Land aufgezeichnet waren. 11) Daß ihre Schiffe auch in den atlantiſchen Ozean gekommen ſind, erhellt aus dem Cultus der Iſis, der bey den Sueven im nördlichen Deutſchland eingeführt war; 12) erhellt

10) Herodot. II. et IV. Lib. Man vergleiche Robertſons hiſtoriſche Unterſuchung über Indien, übrſetzt von Forſter. Berlin 1792. LIV. Anmerkung.

11) Apollon. Rhod. L. IV. v. 279.

12) Pars Suevorum et Isidi sacrificat: unde

aus dem bey den Guanchen, den Urbewohnern von Canaria und Teneriffa, herrschenden Gebrauche, die Todten einzubalsamiren. 13)

causa et origo peregrino sacro, parum comperi, nisi quod signum ipsum in modum Liburnæ figuratum docet advectam religionem. Tacitus de mor. Germ. p. 222. Edit. Lips. ap. Plantin. 1585. Da die Phönizier bis in die Ostsee fuhren, und von den Aesthiern, einem gleichfalls germanischen Volke, den Bernstein hohlten, den Weg aber dahin, so lange sie die Herrschaft zur See behaupteten, verheimlicht haben, (Strabo III.); so ist wahrscheinlich, daß erst, nachdem sie von Apries, dem Enkel Neco's besiegt worden, Aegyptier an ihrem Bernsteinhandel Antheil nehmen durften, und bey dieser Gelegenheit den Isisdienst verbreiteten.

13) Der franz. Gelehrte, de la Harpe in seinem Abriß einer allgemeinen Geschichte der Reisen 1. B. S. 213 bemerkt: Comme les anciens Navigateurs connaissaient les Canaries, on peut conjecturer, que cet art d'embaumer les corps a été enseigné aux Guanches par les Egyptiens, qui l'ont conservé chez eux jusqu' à nos jours. Die hier angegebene Zeitbestimmung „bis auf Uns" ist aber zu berichtigen; es soll heissen: bis auf die Ankunft der Por-

— 14 —

Die Spanier, Mexiko's Eroberer, trafen nicht weit von dieser Königsstadt Pyramiden an, welche dem Sonnengotte und der Mondgöttin geweiht waren; noch jetzt stehen diese Denkmäler aus dem grausten Alterthum. An Höhe — die größte ist 200 Schuh hoch und 650 lang — an Verzierung mit Hieroglyphen sind sie den ägyptischen ähnlich: sogar die Bestimmung, königliche Begräbnisse zu seyn, war beyderseits dieselbe.

Da die Mexikaner weder Eisen noch künstliche Hebezeuge hatten, die zur Behauung und Emporbringung harter großer Steine nöthig sind, so können jene Pyramiden nicht von ihnen, wohl aber von den alten Aegyptiern herrühren, bey denen solche Gebäude landsgebräuchlich, Sonne und Mond aber, wie hernach bey den Mexikanern, die Hauptgottheiten waren. Vollen Beweis würde man haben, wenn man die Thier- und Vögelbilder, mit welchen die ägyptischen Pyramiden verziert waren, und vielleicht noch sind,

tugiesen, d. i. bis zu Anfang des XV. Jahrhunderts. Denn jetzt findet sich dort keine Spur mehr von dieser alten Kunst, da auch die Guanchen selbst ausgerottet sind.

verglichen hätte, ob sie nicht amerikanischer Heimath seyen, besonders, da schon Amm. Marcellin davon sagte, daß sie einer fremden Welt zugehören. Platon spricht von verarbeiteten Elfenbein auf Atlantis, Skinner (in der oben angezeigten Schrift aus amerikanischen Sagen) von eben demselben im Innern von Südamerika; und doch enthält Amerika keine Elephanten, nur durch den Handel konnte also Elfenbein dahin gelangen. Theopompos aus Chios, ein Zeitgenosse Alexanders des Großen, erwähnt aus einem Gespräche zwischen dem Halbgott Silenos und dem phrygischen König Midas: Europa, Asien und Lybien seyen Inseln im Weltmeere; ausserhalb ihnen liege ein festes unendlich großes Land, reichhaltig an Silber und Gold, mit zwey mächtigen Staaten, deren einer kriegerisch, der andere aber friedlich sey. 14) Auch bey Platon heißt es: „Von der Atlantis aus stand der Zugang zu andern benachbarten Inseln offen, und von diesen zu dem gegenüber im eigentlichen Meere liegenden festen Lande." 15)

14) Aeliani var. Hist. L. III. c. 18.

15) Plato — quid aliud hisce innuit, quam præ-

Wie genau stimmen diese ägyptisch-hellenischen Sagen mit den amerikanischen Volkssagen und mit unserer Erdkunde überein! Von den kleinen Antillen, den Ueberresten des großen Landes, das die Caraiben bewohnten, und durch dieselbe Catastrophe, wie die Atlantis, zu Grunde ging,

> grandem istam Atlantidem statim ab Hispania fuisse, ubi nunc illius reliquiæ (nam illuvione periit) et ex illa transiri potuisse in insulas Hispaniolam et Cubam et ex istis in Peru et Indiam. Thom. Lansius Orat contra Hispan. p. 514. Eben so pflichten Andere der Meinung bey, daß man Silens Worte auf Amerika deuten müsse. Rupert. ad Valer. Max. L. IV. c. 6. Dissert. II. Als die gewaltige Natur-Zerrüttung in jenem Welttheil geschäh, so suchten die Caraiben auf dem Meer einen Zufluchtsort und retteten sich zerstreut; da dann die dieß Unglück Ueberlebenden sich in drey Volkshauffen theilten, von denen zwey, die an den äussersten Enden der umgestürzten großen Insel wohnten, mit ihren Pirogen aufs feste Land entflohen, während der dritte Hauffe, nicht so zahlreich wie die beyden andern, auf den über der Fluth hervorragenden Anhöhen, wo jetzt die kleinen Antillen sind, gerettet zurückblieb. Leclerc in der angeführten Abhandlung.

steht der Zugang zu den grossen Antillen offen, und von diesen zum Continent von Amerika.

In einem alten indianischen Grabe zu Cincinnati in der Grafschaft Hamilton auf dem Gebiete der vereinigten Staaten fand man den 30. August 1794 nordwestlich am Flusse Ohio verschiedene Gefäße; einige mit hieroglyphischen Inschriften. Benj. Smith Barton im XXIII. Aufsatze in den Abhandlungen der Nordamerik. Philos. Societät 16) sucht aus diesen und ähnlichen Ueberbleibseln sowohl, als aus andern Gründen zu erweisen, daß ehemals ein sehr zahlreiches und cultivirtes Volk in Nordamerika existirt habe. Uebrigens soll nicht nur hinsichtlich der Sitten und des religiösen Cultus, sondern auch der Sprache eine große Aehnlichkeit zwischen den alten Aegytiern und den Völkern des neuentdeckten Amerika statt gefunden haben. 17)

16) Transactions of the American Philosophical Society held at Philadelphia for promoting useful Knowledge. Volum. IV. 1799.

17) P. Gumilla in seinem Werke: Orinoco illustrado und Athan. Kircher in seinem Cöptus und Oedipus bemühten sich, den ethisch = religiö=

Die ägyptischen Könige seit Ptol. Philadelphos hatten ihr Augenmerk auf Ostindien gerichtet und für den ägyptischen Seehandel, der über den arabischen Meerbusen dahin und nach Aethiopien ging, vortreffliche Anstalten getroffen, die aber schon unter Evergetes II. (eigentlich Kakergetes) vernachläßigt wurden; ägyptische Seefahrer, wenigstens einzelne, haben auch absichtlich aus dem arabischen Meerbusen über das Vorgebürg der guten Hoffnung nach Kadiz geschifft; 18) bey solcher Umschiffung Afrika's sind wahrscheinlich den Aegyptiern die kanarischen Inseln zuerst bekannt

sen Beweis zu liefern. Uebereinstimmungen zwischen der caraibischen und hebräischen Sprache findet man in Bryan Edwards History civil and commercial of the British Colonies in the West Indies. Lond 1793. Dieser Engländer, der sich vierzehn Jahre in Jamaica aufhielt, nimmt eine Auswanderung der Caraiben aus der alten Welt nach Amerika an.

18) Eudosus quidam avorum nostrorum temporibus cum Lathyrum regem Alexandriæ fugeret, arabico sinu egressus per hoc pelagus, ut Nepos affirmat, Gades usque pervectus est. Pomp. Mela L. III.

geworden; von Zeit zu Zeit werden auf denselben, besonders in Ferro, noch immer neue Katakomben entdeckt. Die Mumien der Guanchenkönige findet man unter steinernen Denkmalen in der Form von Pyramiden, die zuweilen von beträchtlicher Höhe sind. Im Sommer 1806 zeigte der Hofrath Blumenbach in Göttingen aus seiner interessanten Schädelsammlung einen mumifirten Guanchen vor, dessen wohlerhaltener Körper zu vielen Vergleichungen mit den altägyptischen Mumien Anlaß gab. Die Spanier sind es, welche diese Ureinwohner der canarischen Inseln ausgerottet haben, von denen sie nur darum so wenig sagen, um sich das beschämende Geständniß zu ersparen, daß diese Nation wohl eines bessern Schicksales werth gewesen wäre. 19)

Der Orient war das Hauptziel ägyptischer Kaufleute; die Phönizier hingegen betrachteten die Inseln und Küstenländer im mittelländischen und atlantischen Meere, in der Nord- und Ostsee als die Strebepunkte ihres Handels. Sie bedurften auch keines unmittelbaren Verkehrs mit den An-

19) Morgenblatt für gebildete Stände 1807. Nro. 99.

wohnern des Ganges, da sie die ostindischen Waaren theils über den persischen Meerbusen, wo Gerra ihr Stappelplatz war, theils über das glückliche Arabien näher hatten, und aus ihren Häfen von daher weiter verführen konnten. Auch bey ihnen verliert sich die früheste Kunde ihrer Unternehmungen zur See ins Dunkel der Mythologie, der philosophisch = poetischen Darstellung historischer Thatsachen: Atlas hat die Nautik erfunden und trägt den Himmel auf seinen Schultern an den äussersten Enden der Erde in dem Lande der Hesperiden; die Gebirgsreihe, die vom Morgen gegen Abend durch einen großen Theil von Afrika sich erstreckt, das atlantische Weltmeer und die atlantischen Inseln sind nach ihm benannt worden. Neptuns Sohn, Gadir erbaute die Stadt Gadira (Kadiz). Nächst derselben standen jene berühmte Säulen, ein Denkmal des Herkules Melcarthus, der die goldenen Aepfel aus dem Garten der Hesperiden geholt und die cassiterischen Inseln gefunden hat, dessen Werk alle westlichen Entdeckungen sind. 20)

20) Hesiod. in Theog. v. 507. sqq Diod. Sic. L. IV. Ant. Baniers Götterlehre VI. Band. 5. K.

Bald nach dem trojanischen Kriege hatten sie an den Küsten des atlantischen Meeres Kolonien angelegt; 21) und in den ältesten Zeiten geschah es, daß ein phönizisches Schiff ausser den Herkulessäulen durch einen Sturm fortgerissen, und nach vielen Tagen an ein unermeßliches Eiland im atlantischen Ozean, mehrere Tagreisen westlich von Afrika verschlagen wurde. Die dort befindlichen Ströme waren schiffbar, die Gebäude prachtvoll: der Boden war sehr ergiebig. Carthager und Tyrrhener wurden durch Phönizier davon in Kenntniß gesetzt. 22)

IX. Band. 6. Kap. Bocharti Can. L. I. c. 34. Plinius L. VII. c. 56. Zeit und Nationalstolz haben die Züge verwischt, welche den tyrischen Herkules vom ägyptischen und hellenischen unterschieden. Mir scheint jener blos ein glücklicher Seefahrer gewesen zu seyn, der in fremden Ländern seine Macht gründete, wie denn Herakoel im Phönizischen einen Seefahrer anzeigt, und Melec Kartha einen König der Stadt; woraus Hercules Melcarthus entstanden ist.

21) Strabo L. I. p. 48. Lesenswerth ist auch hierüber Cumberland in der vierten Anmerkung zur Geschichte Sanchuniathons.

22) Diod. Sicul. L. VI.

Diese Diodorische Nachricht stimmt mit Natur und Erfahrung überein. Ostwinde sind im atlantischen Meere vorherrschend und heftige Seeströme ziehen noch immer die westwärts kommenden Schiffe viel früher, als sie erwarten, an die amerikanische Küste. Der König der Sueven gab (im Jahre der Stadt Rom 694) dem röm. Proconsul in Gallien, Q. Metellus Celer, einige Indianer zum Geschenke, welche aus den indischen Gewässern an die germanische Küste verschlagen worden sind. 23) Auch unter Kaiser Fridrich I. wurde ein Schiff mit Indiern an die Küste von Lübek getrieben, wenn anders die angeblichen Indier nicht Lappländer waren, wie Huet 24) vermuthet. Gomera glaubt, daß sie aus der Gegend von Labrador gekommen seyen. Im J. 1504 wurden Fischer aus Bretagne nach Canada geworfen, und gaben dem französischen Hofe dadurch Veranlassung, daselbst Kolonien zu gründen. Im J. 1731 trieb der Sturm ein mit Wein beladenes Schiff aus Teneriffa, das nach Palma ganz in der Nähe

23) Plinius L. II. c. 67.

24) Histoire du Commerce et de la navigation des Anciens. C. 52. p. 353.

bestimmt war, an die Insel San Trinidad ohnweit der Mündung des Orinoko. Einige Dezennien später ward eine Barke, die in Lancerota für Teneriffa Korn und Reisende eingenommen hatte, von den canarischen Inseln fortgeschleudert und gezwungen, viele Tage vor dem Winde wegzusegeln, bis sie nur zwo Tagereisen von der Küste Caracoa entfernt war; hier traf sie ein englisches Schiff an, das die noch lebenden Personen mit Wasser versah, und nach dem Hafen la Guaira führte. Ein andersmal wurde ein offenes Fahrzeug aus den Bermudischen Inseln nach Spanien getrieben. Widersinnig wäre demnach die Behauptung, daß eine Begebenheit, die sich öfters in einem einzigen Menschenalter zugetragen hat, in einer Reihe von Jahrtausenden, seit Asiaten, Afrikaner und Europäer den atlantischen Ozean beschifft haben, sich nicht mehrmals ereignet hätte. 25)

Die Carthager nützten die vom Mutterstaate ihnen mitgetheilte Kunde des fremden Landes,

25) Bryan Edwards in der N. 17. genannten Schrift. Glaß Geschichte der Canarischen Eilande. C. Meiners über die Bevölkerung von Amerika.

schickten Kolonisten ab, und verhinderten die Tyrrheer, die ihren lange Zeit die Herrschaft im mittelländischen Meere streitig machten, 26) desgleichen zu thun. Sie allein setzten sich in dessen Besitz, schloßen die übrigen Handelsnationen davon aus, und hielten das Land und die Fahrt dahin geheim. Sie sahen daßelbe als einen Zufluchtsort an, im Falle widrige Schicksale ihre Stadt bedrohen würden. So Diodoros. Wirklich hatten auch die Carthager Ursache zur Besorgniß, daß sie nicht, wie einst die Phokäer, aus der Heimath vertrieben würden. Mit den Mauritaniern waren sie in häufige Kriege verwickelt, und nach Eratosthenes hatten die Pharusier und Nigritier ihnen gegen dreyhundert Städte zerstört. Die Kriege mit den Römern vollendeten ihr Unglück.

Man mußte die Entdeckung jenes großen Eilandes im Alterthum sehr wichtig halten, da auch Aristoteles und Theophrastos sie erzählen. Ihnen zu Folge hat im dreyhundert sechs und fünfzigsten Jahre der Statt Rom (im zweyhundert ein und fünfzigsten Jahre, ehe Carthago durch die Römer

---

26) Dionys. Halic. L. I. et III. Strabo L. V.

zerstört worden), ein carthagisches Schiff, das südwestlich segelte, in ein unbekanntes Meer zu bringen gewagt. Hier entdeckte es eine vom Europäischen Continent viele Tagreisen entfernte Insel von großem Umfang, mit dichten Wäldern und mit Flüssen, die zur Schifffarth bequem lagen. Die erstaunliche Fruchtbarkeit des Bodens war so einladend, daß mehrere carthagische Familien dahin auswanderten. Die argwöhnischen Vorstände Carthagos befürchteten aber, diese Kolonie möge dem Glücke der Republik Abbruch thun, und ließen die von der Insel Zurückgekommenen heimlich tödten. Auch allen Bürgern, die sich dort niederlassen wollten, wurde die Todesstrafe angedroht.

Wer die Verfassung der phönizischen Staaten kennt, wird diesen Befehl zwar hart, aber nicht unpolitisch finden. Das Beyspiel, welches in neuerer Zeit Nordamerika gegen England gab, wurde bey jenen Engländern des Alterthums (die Britten haben wie die Carthager ihre Stärke in fremden und entlegenen Ländern gegründet) oft wiederhohlt. Den Glanz der Mutter Sidon hat Tyrus verdunkelt; gegen die Mutter Tyrus hat sich Carthago mehr als einmal bewaffnet.

Aber in welchen Theil von Amerika sind die Phönizier verschlagen worden? Wo hat die carthagische Kolonie ihren Sitz daselbst genommen? Amerika wird durch den Isthmos von Panama in Nordamerika und in die südliche Halbinsel, Südamerika, abgetheilt. Da nun Diodoros, Aristoteles und Theophrastos bestimmt von einer Insel sprechen, so könnte dem Anscheine nach, nicht der Continent von Amerika, sondern höchstens eine der Antillen darunter verstanden werden. (Allein die Griechen nahmen den Unterschied zwischen Insel und Halbinsel nicht so genau; nannten sie doch die Halbinsel Morea die Pelopsinsel!) Hiedurch bewogen gerieth man auf die Vermuthung, daß Haiti dieselbe gewesen sey, vorzüglich auch wegen den Spuren eines ehemals sehr beträchtlichen, aber zur Zeit, da die Spanier unter Chr. Colombo ankamen, schon längst verfallenen Bergbaues, der von einem cultivirten Volke der Vorzeit herzurühren schien, 27) indem die da-

27) Repertæ etiam in Aiti mirabiles fodinæ, ex quibus aurum a Salomonis classe petitum Columbus judicavit. De illis, in navigationibus Columbi, ita scribitur: Christ. Columbus

maligen Bewohner Haiti's in der Kunst, aus dem Schooße der Erde Metall zu gewinnen, ganz unwissend waren, und die dazu gehörigen Werkzeuge weder kannten, noch aus Mangel des Eisens fertigen konnten. Einige nehmen Brasilien statt Haiti an. 28) Die oben genannten Merkmale, Wälder und fruchtbarer Boden, passen beyderseits; aber die größern schiffbaren Ströme und die südwestliche Lage, welche Brasilien in der

> in Hispaniola invenit specus altissimos et vetustissimos, unde ajunt Salomonem aurum suum eruisse; hæc aurifodina protendebatur ultra milliaria XVI. Hæc ille. Ingens omnino argumentum, gentes olim eam insulam accessisse metallicas, quales ab omni ævo Phœnices fuerunt &c. Georg Hornius de Origg. Americ. Hemipoli 1669. L II. c. 8. Als die Neueuropäer Amerika entdeckten, so war die Meinung sehr verbreitet, das Tarschisch und Ophir der Phönizier wieder gefunden zu haben; allein jetzt unterliegt es keinem Zweifel, daß jene goldreichen Orte nicht dort, sondern an Afrika's Ostküste, in Sofala, zu suchen seyen.

28) Emanuel de Moraes Lib. X. Hist. Brasil.

Richtung zu Afrika hat, an deſſen nordweſtlicher Küſte auch carthagiſche Kolonien blühten, machen wahrſcheinlich, daß nicht Haiti oder eine andere Antille, ſondern Braſilien der Ort der carthagiſchen Niederlaſſung geweſen war. Durch Zufall, dadurch nemlich, daß er die afrikaniſche Küſte vermied, entdeckte Pedro Alvarez de Cabral dieſen unermeßlichen Landſtrich in Südamerika ums J. 1500; konnten nicht die Carthager auf ähnliche Art dadurch, daß ſie Afrika rückwärts ließen, 1900 Jahre früher dahin gelangen? Benützten ſie aber dieſe durch Zufall entdeckte Gegend zur Kolonie, wanderten ſie in Familien dahin aus, 29) ſo war doch wohl auch Dienerſchaft in ihrem Gefolge; es iſt aber bekannt, daß die Carthager nicht nur zum Haus- ſondern auch zum Kriegsdienſte Libyer, d. i. Leute aus dem benachbarten Nigritien, Neger zu mithen pflegten. Und nur ſo kann meines Erachtens eine hiſtoriſche Thatſache erklärt werden, welche der für die Geſchichte ſeines Va-

29) Ἐν ᾗ ἐπιμισγομένων των χαρχηδονίων πλεονάκις, διὰ τὴν εὐδαιμονίαν, ἐνίων μὴν καὶ οἰκιούντων. &c. Operum Aristot. T. II. de mirabil. auscult.

terlands sorgfältig bemühte Benj. Smith Barton erforscht hat: in einem vergleichenden Wortverzeichnisse 30) stellte er eine auffallende Aehnlichkeit zwischen der Sprache gewisser amerikanischer Stämme und der Joloff-Neger dar. Die Möglichkeit, daß nach Carthago's Zerstörung die Kolonie durch neue Ankömmlinge sehr vermehrt worden, leidet so wenig Widerspruch, als daß sich Flüchtlinge aus dieser ansehnlich bevölkerten Handelstadt ins Innere von Afrika gerettet haben, um der römischen Sklaverey zu entgehen. So wird Tombuctu, eine Stadt in Nigritien, die nach d'Anville ohngefähr 1000 engl. Meilen nordöstlich vom Fluß Gambia liegt, für eine Emigrantenstadt der Carthager gehalten; 31) und Britten, die von der Kolonie Sierra Leone nach Timbo reisten, waren sehr erstaunt, mitten im Lande der Fulas mehrere von weisen Männern bewohnte Städte zu finden, wo sie gastfrey aufgenommen wurden. 32)

30) New views of the origin of the tribes and nations of America. Philadelph. 1798.
31) v. Archenholz Minerva Jahrg. 1796. II. B. S. 103 — 106.
32) Versuch einer system. Erdbeschreibung der entferntesten Welttheile ꝛc. von P. J. Bruns, V Thl. S. 204.

Der Handel war das Triebrad der phönizischen und carthagischen Staatsmaschine. Von Carthago und Cadiz aus wurde der Ozean in allen Richtungen durchkreuzt. 33) Im mittelländischen Meere b herrschten die Carthager Corsika, Sardinien, die Balearen, die Küste von Spanien, (wo sie Silber gegen Oel eintauschten, 34) und wegen Ueberfluß dieses kostbaren Metalles auch ihr Schiffgeräthe daraus verfertigten) und einen Theil vom südlichen Sizilien. Im arabischen und persischen Meerbusen waren phönizische Niederlassungen. Phönizischer Zinnhandel war auf den Scillyinseln (den sogenannten Cassiteriden) und auf der Küste von Cornwallis gegründet, den aber nachher die phokäischen Griechen zu Marseille an sich brachten und fortsetzten, bis die Unsicherheit zur Zeit der punischen Kriege ihn unterbrach. Venetische und andere gallische Handelsleute mach=

33) Carthaginenses suis classibus omnia maria scrutatos. Appian. in Libycis. vergl. Pausan. in Atticis. Gaditanos plurima et ingentia navigia in nostrum (das mittelländische) et exterius mare (das atlantische Meer) emisisse. Strabo L. 16.

34) Aristot. l. c.

ten nun einen neuen Weg ausfindig, um Zinn zu bekommen, hohlten daſſelbe aus Wight und brachten es auf der Seine und Garonne ins ſüdliche Gallien. 35)

„Uns bleiben für die erſten Zeiten die Phöntzier — bey weitem die wichtigſte Nation. — — Indeſſen ſie auf der einen Seite bey Elath ſich auf dem rothen Meer einſchifften, um Afrika zu umſegeln, fuhren ſie auf der andern durch die ſpaniſche Meerenge, ſuchten Zinn in den Minen der Britten, und Börnſtein, wo in das preußiſche Meer die Radanus ſich ergießt: und gleichwie ſie an dem perſiſchen Meerbuſen ein anderes Tyrus gegründet, ſo mag auch in Preußen Kulm ihre Stiftung ſeyn. Selbſt von den Inſeln und einem feſten Lande jenſeits des Weltmeeres brachten ſie die Idee unter die Alten." 36)

Daß ſie viele Jahrhunderte früher, ehe der Portugieſe Vasquez de Gama das Vorgebirg der guten Hoffnung (mit Hülfe des Compaſſes) um-

---

35) XLVII. Theil der Fortſetzung der allgem. Welthiſtorie. 1. B. Großbritt. Geſchichte von M. Chr. Sprengel.

36) Joh. v. Müller ſämmtliche Werke. Tüb. 1810, I. Thl. S. 35.

segelte, diese Strasse schon gekannt haben, setzt uns in Erstaunen, wird aber auf folgende Art einigermassen begreiflich. Sie befuhren zuerst die östliche Küste von Afrika, welche kürzer, weniger buchtig und weniger von großen Strömen durchschnitten ist, als die westliche: Auch die Passatwinde und Monsoons begünstigten die Fahrt. Der erste Versuch war gelungen, und nun wagten sie sich weiter hinauf ins atlantische Meer, und abwärts auf dem entgegengesetzten Wege um Afrika, der freylich mit mehreren Schwierigkeiten verknüpft war, weil das an der Westküste herabsegelnde Schiff, sobald es aus der Nordströmung zu der Südströmung an der Küste von Guinea kam, gleichsam festgehalten wurde. 36) Aber auch diese Hindernisse lernte der phönizische Seefahrer überwinden. — Nicht so glücklich war der Perser Satassis, dem sein König Xerxes nur unter der Bedingung, Afrika zu umschiffen, das Leben schenken wollte, ihn aber, weil er nicht weiter, als bis Cadim gelangte und über die spanische Meerenge, statt über den arabischen Meerbusen

37) The geographical System of Herodotus &c. by James Rennel. London 1800.

zurückkehrte, tödten ließ. 38) Der Carthager Hanno kam hingegen bis jenseits des Sennegal und Gambia herab, (wenn man dem Plinius glauben darf, bis nach Arabien; was voraussetzen würde, daß er Afrikas Südspitze umschifft habe) und hinterließ eine Beschreibung dieser Reise, die er gleichzeitig mit Himilco, der über die spanische Meerenge hinauf im atlantischen Ozean Entdeckungen machen sollte, von Staats wegen unternommen hatte. Strabon 39) berichtet uns, daß es Ausleger gebe, die rücksichtlich der Seereisen des Menelaos, davon im Homeros Erwähnung geschiht, behaupteten, daß dieser griechische Fürst aus dem mittelländischen Meere um Afrika herum nach Indien gefahren sey. Strabon selbst, obgleich er eine solche Auslegung mißbilligt, hält doch diese Strasse für möglich. Derselbe erzählt uns auch nach dem Posidonios: Auf Befehl des ägyptischen Königs Ptolemäos Physcon habe Eudoxos eine merkwürdige Reise nach Indien unternommen; als er aber zum zweytenmal dahin segeln wollte, so wäre sein Schiff weit

---

38) Herodot L. IV.
39) L. I. p. 38. Edit. Paris. 1620. f.

über Aethiopien hinab verschlagen worden, bey welcher Gelegenheit er, ein sorgfältiger Reisende, seine Beobachtungen niedergeschrieben, mehrere Worte von der Sprache dieser Völker gesammelt und auch das Vordertheil eines zertrümmerten Schiffes, das nach der Aussage seiner Leute abendländischen Seefahrern gehörte, und auf dem Wege ihm aufstieß, nach Alexandria zurückgebracht habe, wo man es wirklich als die Ueberbleibsel eines Schiffes von Kadiz erkannte. Die Vermuthung, daß eine Straße vorhanden seyn müsse, auf welcher man aus dem rothen nach dem atlantischen Meere gelangen könnte, drang sich ihm nothwendig auf. Bald hernach machte er auch von dieser Entdeckung Gebrauch und schiffte sich, vor Ptolemäos VIII. fliehend, auf dem arabischen Meerbusen ein, und stieg glücklich in Kadiz ans Land. 40) Da diese Begebenheit von einem glaubwürdigen und beynahe gleichzeitigen Geschichtschreiber, Posidonios, erzählt wird, so haben Casaubonus und Almailhon 41)

40) Plin. hist. nat. l. 2. c. 67. Man vergl. oben die 18te Anmerkung.

41) Geschichte der Handlung und Schiffarth der Aegyptier, eine Preisschrift. Prag 1769.

dieselbe als historisches Faktum angenommen; auch der berühmte Heeren 42) stimmt hiemit, wiewohl mit einiger Bedenklichkeit, überein.

Carthago war schon zerstört; aber die phönizischen Kolonisten in Spanien setzten noch lange hernach diese Farth fort. C. Antipater, der ohngefähr ums Jahr 124 vor der christlichen Zeitrechnung lebte, versichert, einen Kaufmann gesehen zu haben, der zur See aus Spanien nach Aethiopien gelangt war; und als C. Cäsar, ein adoptirter Sohn des Kaisers Augustus, in Arabien Krieg führte, fand man im arabischen Meerbusen die Trümmer von Fahrzeugen, die aus spanischen Häfen gekommen waren und Schiffbruch gelitten hatten. 43)

---

42) De India Græcis cognita. Die erste Vorlesung, die er 1790 am 16. Januar in der Versammlung der königl. Societät der Wissenschaften zu Göttingen hielt.

43) Cœlius Antipater (autor est) vidisse, qui navigasset ex Hispania in Aethiopiam, commercii gratia. — — in quo (Sinu arabico) regente C. Cæsare, Augusti filio, signa navium ex hispanensibus naufragiis feruntur agnita. Plinius l. c. Ueber diesen Gegenstand ist

Obgleich phönizische Gewinnsucht den Weg verheimlichte, oder die Gefahren atlantischer Seereisen vergrößerte; so scheinen doch die Griechen, wenn wir in das mythische Zeitalter zurückgehen, eine Kenntniß davon gehabt zu haben, die aber im Verhältniß, als sich das Zeitalter der wahren Historie nähert, dunkler wird. Sie kannten

1) die Gorgonen, oder die Inseln des grünen Vorgebürgs.

Drey derselben beherrschte Phorkys aus Kyrene und hinterließ sie nebst vielen Schätzen, worunter auch eine goldene Bildsäule der Gorgone war, (so hieß nemlich Pallas Athene im kyrenäischen Dialekte) seinen Töchtern. 44) Hier war die Heimath der gepriesenen Hyperboreer.

> Der Gorgonen Geschlecht, jenseit des Okeanos wohnend,
> Hart an der Gränze der Nacht, bey den singenden Hesperiden. 45)

auch eine neuere Schrift lesenswerth: De Hannone Geographo antiquissimo, illiusque periplo Diss. M. J. G. Hager Rect. Chemn. 1764.

44) Palæph. de incredibil. hist. c. 32.

45) Hesiod. Theog. v. 269, 270. nach Voß.

Sey's zu Schiffe, oder zu Fuß, du kömmst nicht
Zu den Hyperboräern in
Des wunderbare Land,

Bey denen der Heersführer Perseus zu Gast gespeist;
Als er beym Eintritt
In Ihre Wohnungen fand, wie Sie dem Gott hundertweis
Die Esel opferten: ein hehres Mahl!
Des Festes Jubel ergötzt Apollon,
Und lächelnd sieht er springen die Thiere vor wilder Freud'.

Aber Ihrer Gesittung
Ist auch die Muse nicht fremd.
Im Tanz schweben die Jungfrauen, und
Die Leyern und Flöten ertönen an sämmtlichen Orten.
Den Lorbeerkranz von Gold sich schlingend ums Haupt
Feyern fröhliche Mahlzeiten Sie; und nicht
Der Krankheiten eine rühret das heilige Volk an,
Und das schädliche Alter nicht.
Von Ihrem Wohnbezirk

Sind Arbeiten und Krieg fern;
Darum die Nemesis Sie
Nicht trifft. Danae's Sohn, schnaubend
    Muth
'Im Herzen, gelangte hieher einst: ihn
    führte Athene
Zur Heimath dieser sel'gen Menschen; und als
Er die Gorgo erlegt hatte, eilte er
Zurük mit dem Drachen-Mähnengeflekten
    Haupte,
Das den steinernen Tod gebracht
Den Insulanern. 46) Mir

Scheint unglaublich zu seyn nichts,
Was noch so wunderbar ist,
Wofern Götter zum Ziel führ'n das Werk. 47)

46) Nebst der goldenen Bildsäule nahm auch Perseus das scheußliche Haupt der von ihm erlegten Medusa, als Siegesdenkmal zum Schreken der Feinde mit sich; besiegte den mauritanischen König Atlas, kam auf seinem Segelschiffe bis Aethiopien, und befreyte die Andromeda. Das Bild eines Medusenhauptes war nach Homeros auf der fürchterlichen Aegis der Athene eingegraben.

47) Pindar. Pythia Ode X. antistr. 2. — epod 3. nach dem Hermannischen Sylbenmaaße von mir übersetzt. Auch Herkules ist, wie aus Olymp. III. hervorgeht, in das Land der Hyperboräer gekommen.

Die Griechen kannten

2) die **Hesperiden**, oder die canarischen Inseln, jenseits des Ozeans, (πέρην κλυτοῦ ὠκεανοῖο) dem Theile von Afrika, wo das atlantische Gebirg hervorragt, gegenüber.

Atlas hält aus Zwang den weitumwölkenden Himmel

Fern an des Erdreichs Saum, vor den singenden Hesperiden

Stehend. 48)

Hesperiden heißen sie, weil man glaubte, daß sich Helios jeden Abend hier in den Gärten niederlege; daher die Dichtung, daß die Sonne Tag und Nacht den Seligen leuchte:

Die Guten, gleichviel

Ob in der Nacht, ob am Tage, von dem Helios umglänzt, erfreun

Ohn' Müh' des Lebens

Sich, und erschüttern dort mit Händekraft weder Erd'

Noch Gewässer in der See,

Der kärglichen Ernährung wegen. — —

Wer durchs Leben dreymal

Gewandert ist, ausharrend, sein Gewissen zu erhalten rein

48) Hesiod. Theog. v. 510 — 12.

Von jedem Unrecht;
Wird auf Pfaden Zeus' zur Kronosburg
steigen, wo
Meereslüfte das Gebiet
Der Seligen umwehen. Schimmernd er-
blühn Blumen dort
Von Gold; einige im Feld
Und auf Baumgezweig;
Die Flut spiegelt andre.
Sie flechten Kränze sich daraus, umschlingend
Hände und Haupt. 49)

In diese Inseln also, wo die Natur ihr Füll-
horn am reichlichsten ausgoß, hat die Phantasie
das Elysium hingezaubert. Ptolemäos nennt eine
derselben ausdrücklich Canaria, und von ihm 50)
erfahren wir, woher das Vorgebirg Hesperion
Ceras, welches nach Plinius 51) eine, nach Xe-
nophon von Lampsakos 52) zwey Tagereisen von
den Gorgonen entfernt war, diesen Namen erhalten habe. 53) Auf der Fahrt zu diesen Inseln lag,

49) Pindar. Olymp. II. Str. et Antistr. 4.
50) L. IV. c. 6.
51) L. VI. c. 31.
52) Solinus c. 20.
53) Heut zu Tage heißt es le Cap de Sierra Leona.
Baniers Götterl. IX. B. 54. Anmerk.

nach) Eratosthenes, der Landungsplatz Lixos oder Lix, 54) hundert zwölf Meilen ausserhalb der gabitanischen Meerenge. Pomp. Mela 55) erwähnt eines feuerspeienden Berges an der untern afrikanischen Westküste, den die Griechen Theon Ochema genannt, und jenseits des Meerbusens (bey Guinea), wilder haarigter Menschen, welche die Dichtung von Panen und Satyren veranlaßt hätten. Auch der Mythe von den goldenen Aepfeln, die Herkules aus den Gärten der Hesperiden nach Griechenland gebracht habe, liegt eine natur=historische Thatsache zu Grund. Ich halte dieselben

54) Lix a Gaditano freto centum duodecim millibus; habitata ante, ut indicat loci facies; quondam cultu exercita, in qua usque adhuc vitis et palmæ extant vestigia. Apex Perseo et Herculi pervius, cœteris inaccessus. Ita fidem ararum inscriptio palam facit. Solin. c. 37.

55) L. III. Schon der carthagische Suffet Hanno hat in seiner Reisebeschreibung von dergleichen Menschen (Busch=Hottentoten, oder was mir noch wahrscheinlicher ist, großen Affen) Meldung gethan, und der Seltenheit halber zwey solche Menschenhäute nach Carthago gebracht, wo sie im Tempel der Juno aufgehängt wurden.

für Citronen oder Orangen (poma aurantia), die ein kühner Seefahrer (Herakoel) aus den atlantischen Inseln mitbrachte.

Nicht nur Cyrene an der afrikanischen, sondern auch Saguntum (Murviedro) an der spanischen und Massilia (Marseille) an der gallischen Küste, jene Stadt von den Zakynthiern, diese von den Phokäern gestiftet, waren griechische Kolonien, und von Massilia erhielten wieder mehrere Küstenstädte, Nizza, Antibes, Toulon, Ampurias und Rhode (Roses in Catalonien) ꝛc. ihr Daseyn. Das Band des Verkehres griechischer und carthagischer Niederlassungen war durch die Nachbarschaft geknüpfet; bis Eifersucht, die zwischen den beyderseitigen Mutterstaaten erwachte, dasselbe gewaltsam auflöste.

Massilische Kaufleute kamen ums J. 540 nach Kadix, und kehrten zurück, mit köstlichen Waaren überhäuft. Sechzig Jahre früher war der Samier Koläos und noch vor ihm der Aeginate Sostratos an die Mündungen des Bactis (Quadalquivir) und in jene Hauptstadt der carthagischen Kolonien in Spanien gekommen, mit reichen Ladungen wieder heimkehrend. Griechische Seefahrer, sogar aus dem ägäischen Meere, handelten also nach Kadiz! Noch war Hellas ohne äussern Glanz und darum in der phönizischen Völkerwelt unbemerkt, unbeneidet.

Aber der schöne Zeitpunkt war nicht mehr ferne, wo Athen und Sparta im Zenith ihrer Macht stehen, wo an der Westküste von Vorderasien, in Unteritalien und Sizilien der griechische Name verherrlicht, wo die griechische Freyheit gegen die Perser, Asiens Herren, durchgekämpft werden sollte. Die Carthager verfolgen dagegen mit unverrüktem Auge ihre Eroberungspläne vom lilybäischen Vorgebirg bis zum Fuß des Aetna: Sie verbinden sich mit Xerxes. Doch die Thaten des Themistokles und Gelon haben Griechenland an Einem Tage des Jahres 480 siegreich erhoben; und bald darauf wurde im Frieden, den Artaxerxes mit den Athenern schloß, die Schifffahrt vom schwarzen Meere bis zu den pamphylischen Küsten den Persern untersagt, und Cypern entrissen. 56)

Tief empfanden die Phönizier, der Perser Unterthanen, die traurigen Folgen dieser Ereignisse. Auf der andern Seite der mittelländischen See

56) Thucydid. L. I. c. 94 et 112.

wurden ihre Stammverwandten, die Carthager, durch die Römer gefährdet, die bereits im tyrrhenischen Meere die Oberherrschaft ausübten, vermöge eines mit ihnen geschlossenen Vertrags viele Handelsvortheile erhalten hatten, und endlich im ungerechten Streite der Mamertiner als erklärte Feinde auftraten.

In diesem Zeitraume — nemlich von den persischen bis zu den punischen Kriegen — setze ich die That, daß unvertilgbarer Haß die griechische und carthagische Nation entzweyte, daß, in Folge dessen, griechische Seefahrer vom Verkehr mit Kadiz ausgeschlossen, die atlantischen Inseln dem Gesichtspunkte der Hellenen entrückt und nur noch in der Mythe erhalten wurden. Darum singt Pindaros (nach J. G. v. Herder, ein heiliger Bothe der Griechen, die Sagen seines Volks aufbewahrend, auslegend und anwendend):

> Man kann über Gades hinaus
> nicht kommen; enteil' mit dem
> Schiffe nach Europa zurück! 57)
> Weiter dringen nicht Weise und nicht
> Thoren; noch tracht' ich dahin; ich wäre eitel. 58)

57) Nem. IV. v. 112 — 115.
58) Olymp. III. v. 80.

Darum sagt Herodotos, der Vater der Historie: Ich kenne die cassiterischen Inseln nicht, aus welchen das Zinn zu uns gebracht wird.

Schon durch seine Lage, noch mehr aber durch seine glücklichen Fortschritte gegen die Perser war das Hellenenvolk zum Handel mit den Küstenbewohnern im Osten des mittelländischen Meeres bestimmt; und gleichwie nach dem Umsturze des Reichs der Perser, die so wenig Neigung zur See hatten, daß sie aus Furcht vor Ueberfällen von dieser Seite her sogar die Mündung des Euphrats unzugänglich machten, die Kenntniß des indischen Ozeans wieder erneuert worden; eben so wurden von Marseille aus, nachdem der erste Versuch der römischen Streitkräfte gegen das Meerbeherrschende Carthago gelungen war, Entdeckungsreisen im atlantischen Ozean veranstaltet. Diese mit den Römern verbündete Griechen-Kolonie ließ sich in ihren Unternehmungen zur See nicht durch die neidischen, feindseligen Carthager stören. Pytheas segelte über die gaditanische Meerenge hinaus bis zum fernen Norden und Euthymenes über dieselbe hinab bis zum Aequator. Beyde tretten als Reisebeschreiber auf; die

Wahrheit der Erzählung des Pytheas haben zwar Polybios und Strabon bestritten, Eratosthenes aber und Gassendi in Schutz genommen. Die Zeit hat den Euthymenes gerechtfertigt. Was besonders den Strabon betrifft, so scheint es fast, als habe er in ähnlichen Fällen dem historischen Pyrrhonismus gehuldigt: auch den Megasthenes, der als Gesandte des syrischen Königs Seleucus an den Hof des indischen Königs Sandrocottus geschickt wurde, setzt er in die Classe der Fabelschreiber; aber die trefflichen Ueberreste, von seinem geographisch-statistischen Werke über Indien, zeigen deutlich, wie unrecht Strabon hatte.

Der römische Handel nach Indien fing unter Kaiser Augustus nach der Einnahme Aegyptens an. Die Römer kannten sehr genau die malabarische Küste, die Königreiche Pegu (Chersonesus aurea) und Siam (terra Sinarum), und die östlichen Ufer des Meerbusens von Bengalen: man hat sogar Spuren, daß römische Kaufleute auch nach Serika und ins jetzige chinesische Reich vorgedrungen sind. [59] Die Herrschaft auf der

[59] Heeren de India Romanis cognita. Gött. 1792.

mittelländischen See nach allen Richtungen übten sie bald nach dem zweyten punischen Kriege aus. Als Besitzer der cantabrischen, lusitanischen und (seit 146 v. Chr.) carthagischen Küstenländer, wo die besten Häfen ihre Schifffahrt erleichterten, konnten sie wohl in den atlantischen Ozean eindringen. Schon der berühmte Feldherr Sertorius, der 69 Jahre vor Chr. sein Leben durch Meuchelmord verlor, wollte sich, von der übrigen Welt geschieden, in den glücklichen (canarischen) Inseln festsetzen, deren Lage ihm durch Schiffernachricht so reizend, deren Fruchtbarkeit ihm so vorzüglich geschildert worden; aber die unruhigen Cilicier in seinem Gefolge nöthigten ihn, dieß Vorhaben aufzugeben. 60) Auch durch die mauritanischen Könige Hiempsal und Juba, den Jüngern, die von dem berühmten Massinissa abstammten, erhielten die Römer wichtige geographische Aufschlüsse über Afrika und die atlantischen Inseln. Auf den erstern beruft sich Sallustius in seinen Geschichtsbüchern vom jugurthinischen Kriege 61), aus dem letztern bestimmt Solinus die

60) Plutarch im Leben des Sertorius.
61) Uti ex libris punicis, qui regis Hiempsalis dicebantur, interpretatum nobis est. Bell. Jugur. c. 17.

südwestliche Lage der glücklichen Inseln. 62) Und was die Glaubwürdigkeit des Juba, und der römischen Schriftsteller, die ihm nachschrieben, noch mehr erhöht: er schöpfte aus punischen Geschichtsquellen. 63)

Wie sehr, in der schönsten Periode ihrer Monarchie, die Römer sich bestrebt haben, im Westen weiter zu bringen, was sie gethan, um Gallien, Spanien und Brittanien zu erobern, was unter Cäsar, Augustus und Tiberius geschehen, ist bekannt. Kaiser Claudius hat auch die orkadischen Inseln besezt. Unter Nero macht ein gleichzeitiger Geschichtschreiber 64) folgende Schilderung: Den ganzen Erdenkreis hat der Römer unbesiegte Tapferkeit durchlaufen; ja ihre Habsucht

62) Fortunatas insulas contra laevam Mauritaniae tradunt jacere; quas Juba sub meridie quidem sitas, sed proximas occasui dicit.

63) Rex autem Juba punicorum confisus textu librorum. Amm. Marcellin. L. 22.

64) Flav. Joseph. de Bello Judaico L II c. 16. Das Merkwürdigste ist, daß dieser jüdische Geschichtschreiber nicht eine andere Welt überhaupt, κόσμον, sondern eine andere bewohnte Welt, ἑτέραν οἰκουμένην in Erwähnung bringt.

strebte noch auf etwas weiter, als auf diesen Erdenkreis. Denn ihnen genügte der ganze Euphrat nicht als östliche Gränze; nicht die Donau gegen Norden, nicht die libysche Wüste gegen Süden, nicht Cadiz gegen Westen. Noch jenseits des Ozeans haben sie eine andere Welt gesucht, und Waffen und Heere in das zuvor unzugängliche Brittanien gebracht. — Sie trugen ihre Waffen über die Herkulessäulen hinaus, und erklimmten die wolkigten Gipfel der Pyrenäen ꝛc. Virgilius weiß von einem atlantischen Lande, das ausserhalb der bekannten Welt liegt; 65) Tibullus von einer im Ozean enthaltenen Welt, als anderer Hälfte unserer Erdkugel; 66) Medea

65) Jacet extra sidera tellus
Extra anni solisque vias, ubi coelifer Atlas
Axem humeris torquet stellis ardentibus aptum.
Virg. Aen. VI. 796. sq.
Diogenes von Laerte setzt den Atlas unter die ersten Philosophen, Ovid (Metam. IV, 631.) schreibt ihm astronomische Kenntnisse zu, und bey Virgil (Aen. I, 741.) nennt ihn der Tyrier Jopas den Urheber seines Lieds.

66) Oceanus ponto qua continet orbem,
Nulla tibi adversis regio sese offeret armis,

sagt bey Seneca, dem Tragiker, vorher, 67) daß nach geraumer Zeit ein großes Land im Ozean würde entdeckt werden (die dichterische Einkleidung in Form einer Prophezeihung setzt eine wenigstens dunkle Kenntniß der Römer von diesem großen Lande voraus); und Avitus beym Redner Seneca erklärt sich bestimmt, daß im Weltmeer fruchtbare Länder enthalten seyen. Manilius erwähnt neuer Welten, deren nähere Bekanntschaft das Meer verhindere; wir wissen aber aus Suidas, daß man die unbekannten Länder und Meere die atlantischen nannte. Unzugänglicher Ozean (ὠκεανὸσ ἀπέρατοσ) hieß soviel als (ἡ ἔξω θάλασσα) das Meer ausserhalb der gaditanischen Meerenge. In dieser Beziehung will ich noch eine Stelle aus Clemens von Rom, dem unmittelbaren Schüler der Apostel, anführen; eine Stelle, welche schon die ersten Kirchenväter Gregorius, Tertullianus und Origines beschäftigt hat, und von ihnen auf die Antichthonen ge-

Te manet invictus romano marte britannus,
Teque interjecto mundi pars altera sole.
Tibull. in Messal. 148.

67) Seneca in Med. Act. II.

deutet wurde. Im 20ten Kap. des ersten Briefs an die Corinthier schreibt er: „Der den Menschen unzugängliche Ozean und die Welten jenseits desselben." 68) Eben so hält der Kirchenvater Basilius das große Meer, welches Brittanien und gewisse westliche Inseln umgiebt, für unschiffbar. 69)

Ein mit Trajan, unter dessen Regierung das weltbeherrschende Rom seinen Nachflor feyerte, gleichzeitiger Schriftsteller berichtet: Von Kadiz und den Herkulessäulen an, längs den spanischen und gallischen Küsten wird heut zu Tage der ganze

---

68) Unter andern Commentatoren hierüber sagt J. Fellus: Originis sententiæ propius accedo, qui L. II. περὶ ἀρχῶν hæc verba enarrans ad trans mare ἀντίχϑονα, h. e. regiones Americanas retulit. Epist. Ss. Patr. Apost. Clementis, Ignatii et Polycarpi. Edit J. L. Frey. Bas. 1742. p. 144. Man vergl. daselbst die Anmerkung des gelehrten Patric. Junius, der uns Jahr 1632 zu Oxfort lehrte.

69) Τὸ πέλαγος τὴν βρεττανικὴν νῆσον καὶ τὰς ἑσπερίας Ἴβηρας περικυτόμενον μέγα καὶ πλωτῆρσι ἀτόλμητον. Basil. Hexamer. Homil. IV.

Westen beschifft. 70) Und doch waren Handel und Schifffahrt der Römer hauptsächlich auf die mittelländische See und mittels Aegyptens auf Indien gerichtet! Eine große Anzahl römischer Fahrzeuge war in Spanien für den Staatsdienst beschäftiget, wie man aus den Gesetzen des Kaisers Constanz sieht, 71) der den Seeräubereyen der Barbaren an den brittischen Ufern Einhalt gethan und den Getreidhandel zwischen Brittanien und Gallien wieder hergestellt hat. Ob die Schilderungen, die wir von den glückseligen Inseln in römischen Dichtern antreffen, den mahlerischen Darstellungen griechischer Dichter, oder den Erzählungen römischer Seefahrer, nachgebildet sind, bleibt unentschieden. Aber ein Beyspiel wird lehren, mit welchem Eifer man phönizischer Seits die Seestraßen geheim hielt, und römischer Seits ausfindig zu machen suchte.

70) Plin. L. II. c. 67. Auch Tacitus de mor. Germ. giebt Winke, daß der Atlantische Ozean, wiewohl selten, sey befahren worden: immensus ultra, utque sic dixerimus, adversus Oceanus raris ab orbe nostro navibus aditur.

71) Cod. Theod. L. XIII. Tit. 5. leg. 4 et 18.

Ein Phönizier sah sich einst auf seiner Seereise von einem römischen Schiffe verfolgt; allein lieber wollte derselbe an den Felsen das seinige scheitern lassen und zu Grunde gehen, als dem Römer zur Entdeckung des rechten Weges Gelegenheit geben. Strabon dieß erzählend setzt hinzu: Publius Crassus habe selbst solche Entdeckungsreise unternommen und zur öffentlichen Kenntniß gebracht; 72) durch viele Nachforschungen gelang es ihm, die Fahrt nach den Cassiteriden auszukundschaften. Daß aber auch Amerika den Römern bekannt gewesen sey, läßt sich nicht nur aus den Worten Ammian. Marcellius schließen, der bestimmt von einer Insel spricht, die größern Umfang, als Europa, habe; 73) sondern auch aus römischen Denkmälern, welche die Spanier dort entdeckten. In der Provinz Chili in Südamerika trafen sie eine Stadt an, die sie wegen der vielen zweyköpfigen Adlern, womit Thore und Häuser meistentheils verziert waren, die Kai-

72) Strab. L. III. Es scheint hier vom jüngern Crassus die Rede zu seyn, der als Legat des C. J. Cäsar das westliche Gallien eroberte.

73) In Atlantico mari Europæo orbe potior insula.

serstabt hießen 74); und in den Goldgruben fan⸗
den sie eine Goldmünze mit dem Gepräge des
Kaisers Augustus. Der Seltenheit wegen, da
man nicht enträthzeln konnte, wie diese Münze
hieher gekommen, hat sie der Erzbischof Joh. Ru⸗
fus von Cosenza dem römischen Pabste als Ge⸗
schenk zugeschickt. 75)

Häufige Kriege mit den Barbaren, die wie
bey allgemeiner Verschwörung allerwärts gegen
die stolze Tyrannia der Völkerwelt hereinstürzten,
hatten zur Folge, daß sie ihre Legionen aus dem
Westen von Europa zurückziehen, und ihre dorti⸗
gen Eroberungen aufgeben mußte. Brittanien
wird seinem Schicksale überlassen; Gallien unter⸗

74) In India occidentali, in valle, quæ Caú-
ten dicitur, in provincia Chili oppidum est,
quod imperiale ob hanc causam nominant,
quoniam in plerisque domibus ac portis repe-
rerunt aquilas bicipites, formatas, ut
hodie videmus, in Romani imperii signis.
Thom. Lansius l. c. p. 515. Mich.
Neander in prima parte Orbis terræ p. 7.

75) Marin. Sic. Hist. Hisp. L. XV. G. Horn.
Origg. Americ. L. I. p. 22. Ejusd. Orbis
Imperans seu Tractatus de XIII Orbis Im-
periis. p. 480.

liegt den Franken; in Spanien setzen sich die Sueven und bald darauf die Gothen fest. Das atlantische Meer verlor sich allmälig aus den Augen der geängstigten Kaiserstadt, bis endlich die Fahrt dahin unter den Römern und ihren Feinden ganz in Vergessenheit gerieth. Die räuberischen Vandalen in Afrika hatten keinen Sinn für Erweiterungen der Länderkunde; die Schätze Roms lagen ihnen näher am Herzen. Noch weniger konnte sich, nach Auflösung des weströmischen Kaiserthums, die Sorgfalt des oströmischen oder griechischen auf ferne Besitzungen ausserhalb dem mittelländischen Meere erstrecken; ihm genügte es, unter Narses den erloschenen Glanz der Herrschaft in Nordafrika, wiewohl nur auf kurze Zeit, wieder herzustellen.

Eine neue Periode beginnt in der Geschichte. Von den Nationen, welche jetzt auf dem Schauplatze derselben auftreten, von den Germannen und Arabern, werde ich nun zeigen, daß auch unter ihnen die Fahrt nach den Inseln und Ländern im atlantischen Ozean fortgesetzt worden sey.

Aus dem germannischen Volksstamme waren es die Franken und Longobarden, die sich über den Rhein und Po ausbreiteten; in die erledigten Sitze an der Elbe und am Maine rückten die Slaven vor; als Einheit der verschiedenen Völker gestaltete sich unter Karl dem Großen das mächtige Frankenreich. Man stritt sich um Länder, nicht um Meere. Nordische Küstenvölker legten sich auf Seeräuberey; aber aus glücklichen Abenteurern wurden bald mächtige Eroberer. Die Schifffahrt stieg, und mit ihr der Entdeckungsgeist der Seefahrer.

Hatten sich Normänner schon zu Anfang des neunten Jahrhunderts in das mittelländische Meer gewagt; so mußten Frankreich und Niederdeutschland, in der zweyten Hälfte desselben die Kraft ihres Schwertes fühlen. Im J. 863 drangen sie durch die Mündung der Loire bis Nancy vor; im J. 882 zerstörten sie, von den Ufern der Mosel heranziehend, Lüttig, Utrecht, Köln und Bonn; den Reichspallast zu Aachen verwandelten sie in einen Pferdestall. Im darauf folgenden Jahre verbrannten sie Trier und Metz. Der Friede wurde nur unter der Bedingung hergestellt, daß ihr König Gottfried die lotharingische Königstochter zur Gemahlin, Friesland zum Heirathsgut, zwey tausend Pfund Goldes und achtzig tausend Pfund Silbers zum Geschenke erhielt. Der andere normannische König Sigfried, dem und dessen Feldherrn Wormo ebenfalls große Schätze überlassen wurden, belagerte gleichwohl die Hauptstadt Paris im J. 884. Ein anderer ihrer Heersführer, Rollo, hat im J. 912 das schönste Land Neustriens erobert; er nannte es die Normandie.

Nichts zeigt mehr die Liebe der Normänner zum Seewesen, als die Eintheilung ihrer Provinzen in Fylklande. Der Name Fylke bedeutete eine Flotte, und Fylkland hieß das Land, das eine Flotte von zwölf Schiffen, jedes mit sechzig bis siebzig Mann Besatzung, ausrüsten konnte. So war z. B. Upland in drey Fylklande getheilt, in Tiunda - Attunda - und Fiard - Hundraland, wovon das erstere tausend Mann auf vierzig, das andere acht hundert auf zwey und dreyßig, das letzte vier hundert auf sechzehn Schiffen zu stellen hatte. Ganz Upland lieferte also eine Flotte von zwey und achtzig Segeln mit zwey tausend zwey hundert Kriegern. Die Provinz Schonen bemannte sogar hundert und fünfzig Schiffe. 76)

76) Perinskioeld Inmon. per Thiundiam p. 14.

Dieß Volk, den Römern unter dem Namen der Svionen bekannt, behauptete schon zu Tacitus Zeiten 77) den Ruhm der Schifffahrt, und stand, ehe es noch den christlichen Glauben annahm, mit allen christlichen und heydnischen Völkern im Verkehr. 78)

Die schwedischen Städte Birca (sie lag vier Meilen von Stockholm) und Wineta waren wegen ihres Reichthumes berühmt, 79) und Wisby, über Wineta's Ruinen erbaut, war gleichsam der Markt für die Gothen, Dänen, Wandalen, Russen, Sachsen, Preußen und Esthen. 80) Selbst

77) Svionum hinc civitates ipso in Oceano, præter viros armaque, classibus valent. — Est apud illos et opibus honos.

78) Sigldu thair mit kaupmanna Scip innan all land badi christin, och haidin. Hardoph. monum. goth.

79) Die Einwohner der Stadt Birca hatten dem König Anond hundert Pfund Silbers gebothen, um den Preis des Friedens; aber man verwarf diesen Antrag, mit dem Bedeuten: jeder Kaufmann in Birca könne mehr geben, als alle Einwohner zusammen gebothen hätten. Rimbert. de vita Ansgarii, p. 64.

80) Alb. Cranz. Vandalia. L. II. c. 20. Olaüs Magnus (de gent. Sept. L. II. c. 24.) und

die normännischen Könige schickten auf eigene Rechnung Handelsschiffe in die See; Biörn, König von Westphold, der zu Thunsberg seinen Sitz hatte, erhielt davon den Beynamen: der Kaufmann. 81) Adam von Bremen sagte, Schweden sey mit Schätzen aus fremder Ferne angefüllt.

Von einer Nation also, wie die Normännische, die erweislich schon seit dem ersten Jahrhunderte nach christlicher Zeitrechnung, zur See mächtig war, unter Karl dem Großen Seeräuber ins mittelländische Meer schickte, unter Karl dem Kahlen die französischen Küsten verheerte; von einer Nation, deren Seehelten, wie die Geschichte weiter lehrt, seit 871 gegen England mit wechselndem Glück so lange kämpften, bis sie 1013 ihrem Könige Canut dieß Reich unterwarfen, das endlich 53 Jahre darauf das Erbtheil der Herzoge der Normandie unter Wilhelm dem Eroberer wurde; von einer solchen Nation läßt sich's erwarten, daß ihre Segel noch weiter gekommen seyen. Und wirklich! Im J. 861 fand Grim Gamle die In-

Strélow (Chron. goth. p. 121) sagen gar, daß in Wisby jedes europäische Volk seine Marktplätze gehabt hätte. Diese Stadt wurde 1361 zerstört.
81) Snorro Sturles. T. I. p. 115.

seln Färder, und stiftete dort eine Kolonie; Nadod schiffte von da nach Snäland; und Jolph nach Island. Jolphs Schwager Hiorleif schlug seinen Sitz in einer anderen Insel auf.

Als Island 874 entdeckt worden, so fand man daselbst Spuren früherer und zwar christlicher Bewohner: Hölzerne Kreuze und allerley auf irische und brittische Art gefertigtes kleines Zeug. Die eigentliche Veranlassung, daß Island gefunden wurde, gab Harald (der Vater des obengemeldeten Königs Biörn), wegen seines schönen Haarwuchses, Haarfager genannt. Viele Jarls oder Grafen, welche das Joch der Alleinherrschaft, die er an sich gerissen, nicht tragen wollten, hatten Norwegen verlassen, und ihr Glück in der See gesucht. Erich der Rothe, Sohn des Grafen Torwald, mußte, eines begangenen Mordes wegen, aus Island fliehen; er stieg zu Schiff, um die Küste, die nordöstlich davon ein anderer Normann schon entdeckt hatte, wieder zu finden. So gelangte er 982 im Frühlinge in ein Land, das mit schönem Grün geschmückt war. Grönland nannte er es beßwegen. Nach einem Aufenthalte von etlichen Jahren ging er nach Island zurück, überredete eine Menge Einwohner zur Auswanderung in jenes Land, das einen Ueberfluß an fetten Viehweiden habe, und brachte so die isländische Kolonie auf Grönland in Flor.

Die Wiederfindung der Orkaden (wir wissen, daß schon die Römer 82) sie erobert hatten) fällt beynahe in denselben Zeitpunkt. 83) Aber nicht genug: bis nach Amerika trieb die Sucht, neue Länder zu entdecken, Scandinaviens kühne Seefahrer. Biörn Heriulfsson war es, der im J. 1002 zuerst unter den Normännern in diesen Welttheil kam. Auf einer Fahrt, die er mit seinem

82) Huet im angez. Werke sagt in Beziehung auf Plin. L III. c. 16. vom Kaiser Claudius p. 409: Il conquit une partie de l'Angleterre, que se soumit sans résistence. Il subjugua les Isles Orcades. Il fit un mémorable triomphe de cette conquête.

83) Man zählt sieben und sechzig Orkaden, aber nur acht und zwanzig sind bewohnt. Der Einwohner sind ohngefähr dreyßig tausend. Ehe die Soldaten des Protektors Cromwel hieher kamen, waren Schlüssel und Schlösser und Spinnräder den Orkadiern unbekannt. Eine Schilderung von den Ruinen alter Gebäude und Denkmäler auf diesen Inseln lieferte Gordon: Transactions of the Society of Antiquaries of Scotland. Vol. I.

Vater gemeinschäftlich unternommen, und wobey die Ufer von Norwegen, Grönland und Island zu Richtungslinien gedient, trennte der Sturm beyde Schiffe. Auf Norwegen zurücksegelnd erfährt er, daß sein Vater bereits nach Grönland abgegangen sey; sogleich folgt er nach, wie ihm die Lage dieses Landes bekannt war, seinen Lauf richtend. Nach drey tägiger Fahrt stößt ihn der Wind nordwestlich, und links erblickt er ein niedriges, waldbedecktes Land; südwestlicher Wind brachte ihn wieder nach Grönland.

Die Spur dieser neuen Entdeckung weiter zu verfolgen, bestieg der Grönländer Leif Ericsson im J. 1003 ein großes Schiff, erreichte wirklich seinen Zweck, und nannte dieß niedrige, waldbedeckte Land Markland. Aber seine Neugierde war noch unbefriedigt: Er setzte sich wieder zu Schiff, sah nach zwey Tagen, vom Winde nordwestlich getrieben, ein anderes Land, kam an eine Insel, umsegelte ein Voergebirg gegen Westen, gelangte in einen großen Strom und landete endlich auf dem Continent. Hier schlug er seine Wohnung auf, und blieb den Winter hindurch. Diese Jahrszeit war aber so gelind, daß die Heerden, so lange sie dauerte, auf dem Felde weideten, und das Gras nicht verwelkte, überhaupt von der Kälte nichts litt. Snorro Sturleson, geb. 1179, erzählt diese Geschichte. 84)

Wegen der Menge Weinreben, die daselbst wild umherwuchsen, nannte man das Land, wo sich Leif niedergelassen hatte, Winland; über hundert Jahre (die dänischen Nachrichten davon gehen bis 1121) wurde es von Normännern besucht. Man fand es schon bevölkert, gab aber den Urbewohnern wegen ihres unansehnlichen schwachen Körperbaues den verächtlichen Namen Skrällinger, und verkaufte sie auch als Sklaven. So erzählt der nemliche Snorro: Ein Normann, Leifur brachte von Winland Sklaven, viel Pelzwerk und andere Waaren nach Stockholm auf den

---

84) In vita Olaï Triguonid. c. 104 — 110. In mehreren Handschriften desselben fehlen grade die Kapitel, worin er davon Meldung thut, und Torfäus sagt in der Vorrede zur Geschichte des alten Winlands; daß man dieselben aus dem Manuscript des Flatey genommen habe, um den Snorro zu ergänzen. Dagegen hält sie Perinskiöld für das Eigenthum des Snorro. Allein daran liegt wenig; denn auch das Alterthum der Handschrift des Flatey bürgt für die Gewißheit dieser Geschichte.

Jahrmarkt, und erwarb sich durch seinen ausländischen Handel große beträchtliche Reichthümer.
Liegt nicht in dieser Erzählung ein bestimmter Beweis vom Umfange der Schifffahrt und des kom-
merziellen Betriebs nordischer Seefahrer, und
zwar im frühen Mittelalter?

Nach den umständlichen und übereinstimmen-
den Nachrichten von dem Win= oder Weinlande 85)
unterliegt die Wirklichkeit dieser Entdeckung kein-
em Zweifel; aber die Frage: an welcher Küste
von Amerika ist die Landung geschehen? wurde
verschieden beantwortet. Einige erklärten sich für
Neufundland, andere für Canada, wieder andere
für eine noch südlichere Gegend. Wilde Weinreben (vitis labrusca et vulpina) gibt es nicht
nur an vielen Orten im nördlichen Amerika, sondern auch in den Antillen. Pet. Kalm, der im
J. 1749 auf Befehl der schwedischen Akademie
und auf öffentliche Kosten eine Reise nach Nordamerika unternommen hat, fand in Albany und
von da bis Canada dergleichen Weinreben sehr
häufig: Sie bedeckten die steilen Anhöhen neben

---

85) Mallet Introduct. dans l'hist. de Danne-
marc. p. 169.

dem Hudsonsflusse und umrankten die Bäume so stark, daß dieselben von der Last niedergebeugt wurden. In Montreal, Quebek ꝛc. hat man sie in die Gärten verpflanzt, um unter ihren dichten Lauben gegen die Sonnenstrahlen geschützt zu seyn. Die Trauben sind erst dann genießbar, wenn sie der Frost angegriffen hat. 86) Die Beere sind sehr geschmackvoll, aber der daraus gepreßte Wein hält sich nur einige Tage. 87) Torfäus 88) sucht das alte Winland in dem jetzigen Neufundland; allein das von Snorro angegebene Merkmal eines äußerst gelinden Winters paßt keineswegs auf Neufundland, und wir schließen mit Recht, daß Leif nicht dort, sondern tiefer gegen Süden sich in Amerika niedergelassen habe. Deßwegen kann

86) P. Kalms Beschreibung der Reise nach dem nördl. Amerika. III. Thl. S. 219, 245, 508.

87) une espece de vigne souvage, qui croit naturellement parmy les bois et qui porte de beaus et gros raisins. — Le raisin est fort bon, mais le vin, que l'on en tire, n'est pas de garde et ne se conserve que peu de jours. Histoire des Iles Antilles de l'Amerique. Roterod. 1658. p. 6.

88) Torfæi Orcad. L. I.

ich auch nicht mit J. R. Forster 89) übereinstimmen, der die im Innern von Neufundland noch vorhandene Völkerschaft von jenen Normännern herleitet.

Die Nachrichten von den an Grönlands Westküste (die östliche Küste ist mit ewigem Eise bedeckt und unzugänglich) angesiedelten Normännern reichen bis 1348. Ihre Kolonie wurde dann vertilgt. Indessen herrschen über die eigentliche Ursache ihrer Ausrottung mancherley Meinungen 90). Bald gibt man den Eskimos die Schuld, bald den Skrällingern; dann wieder den Kriegern des tapfern Zichmins, und endlich der Pest, die in der Mitte des vierzehnten Jahrhunderts so schrecklich wüthete, oder, wie man sie damals nannte, dem schwarzen Tod. Jetzt gehorcht Grönland dem Dänischen Szepter und seine Bevölkerung betrug im J. 1796. nach einer beglaubigten Liste 5122, wor-

89) Geschichte der Entdeckungen und Schifffahrten im Norden.
90) J. R. Forster a. a. O. erklärt sich unbestimmt für die erste oder zweyte, C. Meiners (über die Bevölkerung von America, Gött. Hist. Magaz. III. B. 2. St.) für die erste oder vierte Meinung. v. Eggers (über die wahre Lage des alten Grönlandes) hegt die dritte Meinung.

unter 930 Ungetaufte waren 91). Die Eskimos (rohe Fleischfresser), unter allen Westindianern die wildesten, scheinen ursprünglich aus Grönland abzustammen. Von den Eingebornen im inneren Nordamerika unterscheiden sie sich durch starken Bart, durch langes von der Stirn herabhangendes Haar, durch eine hellere Gesichtsfarbe und durch Lebensweise. Ihre Sprache, Statur und Bildung, ihre Kleidung, Waffen und Werkzeuge, Zelte und Schiffe kommen genau mit den grönländischen überein. Beyde Völker, die Eskimos und Grönländer, sind also wo nicht des nämlichen, doch gewiß verwandten Ursprungs, wenn man auch die Gewohnheit, daß jene den Bart wachsen lassen, diese ihn ausrauffen, so gar abstechend finden wollte.

Ueber das Schicksal der normännischen Kolonie in Winland hat man seit dem zwölften Jahrhunderte nichts in Erfahrung gebracht. Viele aus dem Norden segelten um diese Zeit der Kreuzzüge durch die Meerenge von Gibraltar nach Palästina. Sigur erhielt davon den rühmlichen Beynamen iorsalafarare. Da die Fahrt nach Win-

---

91) Polit. Journal 1796. August.

land nur eine Unternehmung der Privaten war; so konnte sie leicht aus Mangel an Unterstützung aufhören; hingegen die Verbreitung der normännischen Herrschaft in Süditalien nahm die Gesamtkräfte der Nation in Anspruch. Die Normänner in Winland erhielten keine neuen Zuflüsse aus dem Mutterlande: die Kolonisten zogen sich in Amerika tiefer landeinwärts.

Ich will hier die Aehnlichkeit einer Sitte erwähnen, welche sonst kein Volk, ausser den heutigen Canadern und den alten Scandinaviern, gemein hatte: Ich meine das Holzschuhlaufen. König Harald im Siegsgesange, und Ragnwald Kolson ein orkadischer Graf, rühmten beyde von sich: 92)

Skrida kan ek a Skidnm

Schreiten kann ich auf Schuhen.

Die Göttin Skada, Niords Gattin, der Gott Lok und einer der Asen waren in dieser Kunst berühmt 93). Der Verfasser des Königsspiegels sagt: „Wunderbar ist's, was man von einigen Männern erzählt, daß, wenn sie Hölzer, die acht

92) Aefe Noregs Konunga. — Worm. Lit. Run. c. 23. p. 129.
93) Edda myth. 21, 26.

oder neun Ellen lang sind, ihren Füssen anpassen, sie schneller laufen können, als ein Jagdhund oder Rennthier; denn sie erlegen sogar mehrere Rennthiere im Lauf." Dergleichen Holzschuhe heissen in Dänemark und auf den Orkaden Skydi, in Schweden Skidher, in Norwegen Sküer, in Canada Takette. Sie bestehen aus fünf bis neun Ellen langen Brettern, die aber so schmal sind, daß sie nur Fußbreite haben. Mit Riemen werden sie oberhalb des Knöchels befestigt; unten sind mehrere kleine Räder angebracht, auf denen sie fortrollen. Am leichtesten bedient man sich ihrer auf dichtbeschneiten Ebenen: drey Tagereisen legt man mittels solcher Schuhe in einem Tage zurück. P. Charlevoix 94), der lange Zeit unter den Canadern sich aufhielt, erzählt, daß er selbst dreyßig bis vierzig (franz.) Meilen in einem Tage auf diese Art gemacht habe.

Hugo Grotius 95) hält alle amerikanische Völker diesseits des Isthmus von Panama für norwegische Abkömmlinge: Seine Behauptung stützt er auf Aehnlichkeit der Sprache und Sitten.

94) Der berühmte Verfasser der Hist. de la nouv. Fr.

95) Dissert. de Orig. gentium American. 1642. 8.

Ueber Island und Grönland sey man nach Amerika gekommen; zwey Jahrhunderte vor Chr. Colombo hätten Fischer aus Frießland die Küste von Estotiland besucht.

Es würde zu weit führen, wenn ich, rücksichtlich des Heldenmuthes, zwischen den alten Norwegern und den heutigen Nordamerikanern eine Parallele ziehen wollte: wie sich nemlich der König Regner in der Schlangenhöhle mitten unter Schmerzen seiner Tapferkeit rühmte, und lachend dem Tode entgegensah; und wie der Irokese oder Hurone, an einen Baum gebunden, von Weibern und Kindern der Feinde zerfleischt, zu noch größerer Peinigung sie auffordert, und, in den letzten Zügen, Verachtung der Qualen zeigt und Standhaftigkeit athmet. Findet doch auch bey Wilden in Brasilien, bey den Tüpinambäuls und Margajas, derselbe Fall statt. Menschen und Völker sind sich auf einer gewissen Stuffe der Cultur gleich.

Die Aehnlichkeit zwischen den Befestigungen großer Plätze, und den conischen Grabmälern in Irland, welche von den Dänen herrühren sollen, und in Amerika, könnte auch zum Beweis dienen, daß Scandinavier diesen Welttheil einst besucht haben und von der Küste Labrador hinab gegen Mexiko vorgedrungen seyen. Unterhalb dem Fort Pitt am Ohio (dieser Strom erhält erst bey diesem Fort seinen Namen, legt bis zum Einfluß in den Missisippi 1188 engl. Meilen zurück, und nimmt unterwegs den Grave Creek auf), wurde in neuerer Zeit ein mit Wall und Graben versehener Hügel, mit einer nahe dabey in Gestalt eines Kegels aufgeworfenen Steinmasse, entdeckt. Verschiedene alte Denkmäler haben sich auch am Grave Creek und Missisippi erhalten; in Virginien und in Luisiana. Zur Erklärung derjenigen, die in diesen beyden Provinzen noch heutigen Tags zu sehen sind, beruft man sich 96) auf eine Kolonie, die ums Ende des zwölften Jahrhunderts aus Wales in England nach Amerika gekommen ist.

Tausend einhundert und siebzig Jahre nach Christl. Zeitrechnung, als Heinrich II. auf dem englischen, Roderik Connor auf dem irländischen, Wilhelm auf dem schottischen Throne saß, im

---

96) Magazin von merkwürdigen Reisebeschreibungen XXIII. Band S. 390, worin diese weit früher in Gentleman's Magazin aufgenommene Nachricht angeführt wird.

dreyhundert zwey und zwanzigsten, ehe Chr. Colombo zum erstenmal aus dem Hafen Palos auf westindische Entdeckungen auslief; und von der Fahrt des isländischen Bischofs Erick nach Winland, seitdem die Kunde von diesem Erdstrich in Amerika für die Europäer verloren ging, im neun und vierzigsten Jahre, wurde abermals eine Entdeckungsreise nach diesem Welttheil, und zwar aus Wales, von England her, unternommen. Owen-Gueyned, Sohn des Gryffith, Enkel des Conan, war gestorben und die Gebrüder Jorwerth, Madoc, Howel und David stritten sich über die Länder ihres Vaters, indem jeder von ihnen rechtmäßige Ansprüche auf die Erbfolge im Fürstenthum Wales zu haben glaubte, nach dem gesetzlichen Herkommen des Gavel-Keind. Die Mehrzahl der Walier erklärte sich aber für Jorwerth, den Vorzug der Erstgeburt anerkennend. Aus Mißmuth hierüber stieg Madoc, der Zweitgeborne zu Schiff, um jenseits des Meeres einen friedlichen Aufenthalt und sein Glück in der Fremde zu suchen. Er segelte westlich, und ließ Irland in nördlicher Richtung liegen. Nach zwey Monaten landete er und sah sich jetzt am Ziel seiner Wünsche;

denn die Gegend war so fruchtbar und schön, die Luft so heiter und frisch, die Lebensmittel in solchem Ueberflusse, daß er den Entschluß faßte, hier seine Wohnung aufzuschlagen. Um gegen jeden Angriff sicher zu seyn, wurden zuförderst Befestigungen angelegt: das Werk war bald vollendet. Nun ließ er hundert und zwanzig Mann als Besatzung zurück, und eilte nach Walles, nicht nur, seine Kolonie zu verstärken, sondern auch die nöthigen Werkzeuge und anderen Bedarf herbeyzuschaffen. Seine reizende Beschreibung vom neuentdeckten Lande, der verderbliche Erbfolgekrieg auf väterlichem Boden, und die gegründete Furcht von den Siegern aus der Normandie, eben so wie ihre unglücklichen Nachbarn, vollends der Freyheit beraubt zu werden, bewog eine Menge Waliser, dem Rufe des Prinzen Folge zu leisten. Zehn volle Schiffe segelten mit ihm nach dem Lande der Hoffnung. 97).

97) Anno CIↃCLXX Oweno Guyneth defuncto, dum filii inter se de principatu contendunt, et nothus armis superior illum obtineret, Madocus unus ex Oweni Guynethi liberis, discordiarum civilium et prœliorum inter fratres pertæsus, comparavit sibi aliquot naves et

Glücklich mag diese Kolonie gediehen seyn, in mehrere kleine Völkerschaften sich verzweigt haben. Eine Vermuthung, die aber, im Verlauf

idoneo commeatu aliisque rebus impositis e patria profectus, ut novas terras investigaret, ac relicta post tergum Hibernia, versus Zephyrum cursum instituit, donec incideret in terras ante incognitas, ubi multa mirandaque observavit. Inde ad patriam reversus Cambris suis exposuit. Quum non paucos persuasisset, denuo naves plures sibi comparavit et omnibus necessariis impositis, magnum numerum virorum pariter ac foeminarum, quos domesticarum calamitatum taedebat, secum in illas terras abduxit et patriæ suæ valedixit. Dav. Powell. in cambr. Hist. Nicht nur Powell, der im 16ten Jahrh. lebte, sondern, noch vor ihm, Gytto von Glyn (der Biograph des David Gwynedd, Bruders des Madoc; E. Lloyd war selbst Besitzer eines Exemplars von dieser Biographie) Cynrick, Gutyn=Owen ꝛc. haben diese Begebenheit als eine unbezweifelte historische Thatsache dargestellt. Auf letztern beruft sich Haklut. Madocum suis in colonia relictis denuo domum reversum — decemque navibus paratis ad suos profectum, idque memoriæ a Gutyn Owen proditum. Noch weitläufiger verbreitet sich hierüber Dr. Ro=

der Erzählung, sich der Gewißheit nähern wird! Die Abfahrt der zehn Schiffe war das letzte Faktum, dessen die cambrischen Geschichtsbücher erwähnten. Aber das Andenken dieser nordischen Argonauten wurde lange Zeit durch Lieder gefeyert: der walische Barde Meredith-ap-Rhees, der 1477 starb, hat sie noch besungen. Unter einem rohen Volke, das noch keine Schrift, oder doch kein gelehrtes Publikum hat, lebt die Erinnerung einer That, besonders wo Nationalehre ins Spiel kömmt, oft Jahrhunderte durch den Gesang fort. Was Achilleus und seine Hellenen vor Troja, was Fingal an der Spitze seiner gaelischen Helden gethan, ward nur durch Sänger der Vergessenheit entrissen. Aber wie lange dauerte es, bis ihre Lieder, aus der lebenden Tradition, der Schrift übergeben worden sind. Von Homeros bis Lykurgos oder eigentlich bis zu den Pisistratiden, von Ossian bis Macpherson, welcher Zwischenraum! Die Erzählungen von den

> bert Plott, und setzt diese walische Kolonie nach Florida oder Canada. Wilh. Robertson (Geschichte von Amerika) hält dafür, daß sie auf Madera oder einer anderen westlichen Insel gestiftet worden sey; allein irrig.

Schlachten an Skamanders Ufern oder auf Crom­leac's Gebirgen, sind als Sagen der Vorzeit nicht zu verachten; sie sind glaubwürdig. 98) Was der Phantasie angehört, muß freylich ausgeschieden werden: wer den großen (gesetzt auch, vom Zahne der Zeit nicht zermalmten) Stein, womit der Te­lamonische Ajas den Hektor verwundete, finden will, wird vergebens suchen! Aber ob je ein Achilleus, ein Fingal, ein Madoc gewesen sey, nicht nur bezweifeln, sondern geradezu läugnen wollen, geht über alle Schranken einer erlaub­ten Skeptik hinaus, und verliert sich ins Will­kührliche.

Indessen kein Lied, kein Steinbild urkundet von dem Orte, wo sich die walische Kolonie zu­erst niederließ. Und als schon das Reich der In­cas gestürzt war, blieb ihr noch vieljährige Dun­kelheit. Nur zuweilen, wenn ein Schiff, ein Wanderer, eine Flotte, ein Kriegsheer aus un­serem Welttheile die weitverbreiteten Gränzen ihrer Niederlassungen hin und wieder berührte, erblicken wir sie vom Licht der Geschichte flüchtig umglänzt.

98) Heyne de fide historica aetatis mythicae. Gött. 1798.

Auf die Nachricht, daß, an der Küste von Virginien, englische Schiffe mit dem bretonischen Gruß: haa houi iach „wie befindet ihr euch" seyen bewillkommt worden, schickte Englands Königin Elisabeth (gest. 1602, nach einer Regierung von 45 Jahren) einen gewissen Ralaigh dahin, um diese Emigranten aufzusuchen.

Thomas Price von Llauvilling erzählte dem Carl Lloyd und seinem Bruder: ohngefähr ums Jahr 1650 sey ein holländisches Schiff an die nordamerikanische Küste gekommen, um Erfrischungen einzunehmen. Kaum war ein Theil der Mannschaft aus Land gestiegen, als die Eingebornen sie überfielen und hinwegführen wollten. Zum Glück befand sich unter den Matrosen ein Mann aus Brecknock, der die Sprache dieser Wilden für die walische erkannte, und sich in dieser Sprache an sie wendete. Dieselben wurden hierauf sehr gefällig, und gaben Lebensmittel, soviel sie konnten. Als ihre Heimath gaben sie das Land Qwynedd in Prydam-Fawr an. Hieraus erhellt, daß die Kolonie nach dem Geschlechtsnamen des Madoc-Qwynedd sey benannt worden.

Der Kaufmann Olivier Humphreys fuhr, kurze Zeit nachher, von Surinam auf einem englischen Kaperschiffe nach Florida; auch er bestättigte, daß die Wilden aus diesem Lande eben so sprechen, wie die Einwohner in Wales. Die Wahrheit dieser Erzählung verbürgt gleichfalls E. Lloyd, der ums J. 1685 in Dolobran lebte, und den Umstand beysetzte, daß nach dem Tode des O. Humphrey's die Wittwe desselben sich einige Zeit in Saint-Asaph aufgehalten habe.

William Berkeley schickte 1669 auf Befehl des englischen Obergenerals Bennet, zwey Schiffe nach Carolina, sechszig Meilen südlich vom Cap-Fair. Morgan Jones (der Sohn des John Jones, von Basleg, nächst Newport in der Provinz Monmuth) der in Oxfort studiert hatte, befand sich im Gefolge als Schiffskaplan. Den 8. April segelten sie von Virginien ab, und gelangten den 19. d. M. an die Mündung des Flusses, an dessen Ufern hernach der Seehafen Port-Royal angelegt wurde. Da erwarteten sie die Flotte, welche von Barbados und den Bermudsinseln hieher beordert war. Nach Ankunft derselben mußten die kleinen Schiffe den Fluß aufwärts steuern und kamen bis Oyster-Point, wo sie bis zum 10. November verweilten. Mangel nöthigte die Besatzung, Lebensmittel in der Umgegend aufzusuchen. Morgan Jones mit noch fünf Gefährten durchstreifte eine Wüste, und fand sich endlich an den Gränzen des Landes, wo die Tuscoraras wohnten, Feinde der Engländer in Roanoake. Die sechs Wanderer werden sogleich ergriffen, ins nächste Dorf geführt und die Nacht hindurch in einem Hause eingeschlossen. Des andern Tags wird Macchcomoco (Kriegsrath) über sie gehalten, und hierauf ihnen bedeutet, daß sie sterben müßen. M. Jones beklagte sich nun in seiner Muttersprache (der Bretonischen) über dieß Schicksal; aber ein Indianer, der von dem mit den Tuscororas verbündeten Volke der Doegs war, sprang jetzt hervor, rief ihm in der nemlichen Sprache zu: „nein, du sollst nicht sterben" und bewirkte auch beym Chef dieses Heerhaufens ihm und seinen fünf Gefährten die Freyheit. Sofort wurden sie als Gastfreunde behandelt: vier Monate blieben sie, und M. Jones, den diese bretonischen Wilden bey den wichtigsten Angelegenheiten zu Rath zogen, predigte ihnen während der Zeit dreymal in der Woche. Er hat nach seiner Zurückkunft diese wichtige Begebenheit seines Lebens beschrieben. Der Brief, ausgefertigt von New-York, 10. März 1685 ist in einem englischen Geschichtsbuche abgedruckt. 99) Das Ereigniß selbst fiel in den Zeitpunkt, wo sich Baco in Virginien empörte, und die Indianer am Kriege gegen die Engländer Theil nahmen. Wenn man die Nebenumstände sorgfältig vergleicht, so ergiebt sich, daß die Tuscoraras und Doegs Nachbarn der Engländer in Nordamerika waren, und die Niederlassung, wohin M. Jones geführt worden, am Vorgebirge Hatterash in Carolina gelegen ist.

Zu den Engländern war auch das Gerücht von einer Völkerschaft gedrungen, die jenseits des Missuri wohne, und in Sprache und Religion ihnen ähnlich sey. Dieß Gerücht, in soweit es den ersten Vergleichungspunkt betrifft, wurde durch einen gewissen Sutton, und in Rücksicht auf beydes, durch Benjamin Beaty, einen Walier von Geburt, bestättiget. Dieser ein englischer Prediger, von der Kirche der Methodisten, fiel im nordamerikanischen Freyheitskriege einem Haufen der Wilden, zwischen Virginien und Carolina

99) Filson Hist. de Kentuke.

in die Hände, ward als Engländer erkannt, an einen Baum gebunden, u d sollte mit Pfeilen getödtet werden. Gleiches Schicksal stand auch seinen Gefäh.ten bevor. Jetzt bethete er mit erhobener Stimme ein Vater unser. Die Wilden hierüber erstaunt, nennen den Walier ihren Bruder, binden ihn und die Seinigen los. Sie erzählen ihm nun die Sage, die sich von der Auswanderung des Madoc bey ihnen erhalten hatte, und zeigen ihm, sorgfältig in Leder eingewickelt, die Handschrift einer walischen Bibel. Ihre Dörfer unterschieden sich durch eine festere und schönere Bauart von den Dörfern anderer amerik. Wilden. Beaty brachte vier Männer aus dieser Völkerschaft mit nach London, und machte in einer kleinen Schrift, betitelt „Journal of two months" dieß Ereigniß bekannt. Der celtische Sprachforscher, Le Brigant, wußte sich in London ein Exemplar von diesem Tagbuche zu verschaffen. Im nemlichen Freyheitskriege befand sich der Hauptmann Abraham mit seiner Compagnie, worunter zwey Walier waren, zu Kaskasky. Einige Indianer kamen dahin, und man verstand sich beyderseits. Diese bestättigten auch die Sage,

F

daß ein ihnen stammverwandtes Volk am Missuri wohne.

Vielleicht, daß in Amerika bey den Völkern verschiedener Abkunft, die, nach Colombo's Zeiten, der Europäer überlegene Kriegskunst erfahren hatten, eine ähnliche Umwälzung der Dinge vorging, als einstens bey der großen Völkerwanderung in Europa; allgemeine Flucht, wechselseitiges Zurückdrängen. Nur so konnte geschehen, daß der berühmte Weltumsegler Cook sogar im Norden von Californien Abkömmlinge der alten walischen Kolonie angetroffen hat. Selbst in Südamerika, im Innern des Landes, das rückwärts dem Porto Desiderio an der Ostseite des Geburgs Cordellera liegt, dessen Höhen sich tiefer gegen Chili hinziehen, selbst hier fand man Spuren von der bretonischen Sprache. 100)

100) Z. B. Neaf, der Himmel, tad, der Vater, mam, die Mutter, wy, das Ey, bara, Brod, llynog, ein Fuchs, penguoin, weißhaupt, (so nannten sich die walischen Ansiedler in diesem Theile von Südamerika, weil sie sich durch ihre weiße Gesichtsfarbe von ihren röthlichen Nachbarn unterschieden; doch durchs Clima hatte sich diese weiße Farbe allmälig ins Dunkelbraune verloren; so nannte man eine Gattung Vögel; so endlich

Die angeführten Nachrichten 101), von deren Urhebern erst zu beweisen ist, daß sie die Wahrheit weder sagen konnten, noch sagen wollten,

F 2

die kahlen Spitzen der Felsen), Gwyn-dwr, helles Wasser, trwyn, die Nase ꝛc. Doch der Sprachen gibt es wenige, die, auch in den fernsten Gegenden nicht miteinander Aehnlichkeit hätten; in Mexiko hieß das Lamm, lame, der Bach, Beke, die Mutter, mama; den Mond nannten sie daher mama quilla, Mutter Mond ꝛc. in Veragua hieß der Mann, ome (homo), in Virginien das Brod, paune (panis). Auch fand man viele Orte mit der celtischen Endung dunum.

101) Recueil d'antiquites Bretones par M. Owen, le jeune. Londr. 1777. 8. Mémoir. philos. hist. phys. par don Ulloa, Lieutenant-Général des Armées navales de l'Espagne &c. Avec des Observ. et Addit. Paris. 1787. T. II. p. 476—497. Thom. Herbert. Voyag. aux Ind. Orient. L. III. Man vergl. Major Rogers Beschreibung des Laufes des Mississippi-Stromes ꝛc. wo er S. 239 ein großes und zahlreiches Volk, das er die weißen Indianer nennt, als das schönste in Amerika beschreibt. „Sie bewohnen ein sehr fruchtbares Land, hoch hinauf am Mississippi, und unterscheiden sich von andern Wilden durch ihre schneeweiße Farbe."

laſſen keinen Zweifel übrig, daß Völkerſchaften aus der Kolonie Madoc - Qwyneld's entſproſſen, ſich weit durch Amerika, rückwärts von Virginien an der Küſte von Carolina, in Californien, Florida, ja ſogar oberhalb Patagonien verbreitet haben. Man ſolle daher, meinte Rob. Plott, den vierten Welttheil nicht Colombia oder Amerika, ſondern Madocia nennen. Aber damit, wie Lefebure de Villebrune dafürhält, würden die Normänner nicht zufrieden ſeyn; nun dann müßte freylich der vierte Welttheil Leifia heiſſen. Doch dieß alles ſey geſagt, der Ehre Colombo's unbeſchadet!

Von den waliſchen Anſiedlern, und wie ich bald erzählen werde, von den ſpaniſchen und portugieſiſchen Flüchtlingen, die unter das Joch der Araber ſich nicht beugen wollten, mögen wohl die vielen, in ihren Grundzügen nicht verwiſchten, Spuren von chriſtlichen Lehren und Gebräuchen herrühren, die man in Amerika allenthalben antraf.

Die Jrokeſen glauben, daß der Geiſt Otkon die Welt geſchaffen, und daß Meſſu die Erde nach der Sündfluth wieder hergeſtellt habe. Andere Wilden, die am Lorenzofluß wohnen, glauben dasselbe; nur nennen sie den Weltschöpfer nicht Otkon, sondern, nach der Verschiedenheit ihrer Völkerschaften, Manitu oder Atahanta. Als Stammesmutter geben sie eine Frau an, die vom Himmel herabgestiegen, und die Urheberin alles Bösen, so wie ihr Sohn der Urheber alles Guten sey. Die am Missisippi hinauf wohnen, erzählen dieß umständlich also: Ein Weib, vom Himmel kommend, wäre lange in der Luft geschwebt, ohne etwas zu finden, worauf sie die Füße setzen könnte. Die Fische im Meer beratheten sich, wie ihr zu helfen sey; da erhob sich die Schildkrötte und both ihr über dem Wasser den Rücken dar. Das Weib ließ sich nun auf der Schildkrötte nieder, und rings um dieselbe setzte sich so viel Schlamm und Erde an, daß daraus dieß unermeßliche Eiland (Amerika) gebildet wurde. Doch da ihr die Einsamkeit mißfiel; so stieg ein Geist von der Höhe herab, und aus ihm empfing sie zween Söhne, die aus ihrer Seite zum Leben hervorgingen. Diese beyden Brüder lebten immer in Uneinigkeit: der eine war von äusserst böser Gemüthsart, der andere aber, den er tödtlich haßte, war von sanftem

Charakter und ward endlich in den Himmel aufgenommen, wo er, zum Schrecken, den Donner über dem Haupte seines unglücklichen Bruders rollen läßt. 102)

So märchenhaft diese Erzählung ist, so hat sie doch einige Beziehung zur Mosaïschen Geschichte vom Hasse des Kains und Abels.

Die Peruaner glaubten an einen einzigen Gott, dem sie Menschengestalt beylegten, und den sie zum Urheber der Erde und des Himmels machten, in welchen letztern er sich, wie sie sagen, zurückzog, als er sein Schöpfungswerk auf der ersteren vollendet hatte. Sie nannten ihn Pachacamac; aber errichteten ihm keinen Altar, bauten ihm keinen Tempel. Zur Zeit eines Erdbebens laufen sie aus ihren Hütten, springen und stampfen auf den Boden und schreyen: „Hier sind wir! Hier sind wir!" Ein Aberglaube von dieser Art entstand ohne Widerrede aus jenem ursprünglichen

102) Nouveau Voyage d'un Pais plus grand que l'Europe, avec les reflections &c. par Louis Hennepin. Utrecht. 1698. 12. p. 117 — 121. Die nordamerikanische Provinz Luisiana wurde vom Verfasser dieser Reisebeschreibung 1680 — 82 entdeckt und nach ihm benannt.

Gefühl, welches tief in die menschliche Brust eingegraben ist: daß eine gütige Vorsehung über die Sterblichen wache. 103)

P. Martyr erzählt von den Cempoalanen, und Ant. Herrera von den Jucatanen, daß sie ihre dreyjährigen Kinder tauften. Auch hat man bey diesem Volke eine Art von Beicht; Oelung; Fasten; den Glauben an ein allgemeines Weltgericht angetroffen. 104) Lopez de Gomara versichert,

103) Skinner am a. O. Die Glaubwürdigkeit dieses Schriftstellers in dem, was er über das Reich Eldorado sagt, wird auch durch den franz. Gelehrten Leblond (Beschreibung einer Reise nach den Antillen und nach Südamerika) neuerdings bewährt: Ohnweit dem See Parama gibt es wirklich ein Land, welches reiche Goldgruben enthält. M. s. Bertuchs allg. geogr. Ephemeriden 1814. April. S. 442.

104) ex baptismo, quem administrant Iucatanenses infantibus post annum tertium, ut Græci et Asiatici (Christiani); vocabantque regenerationem, et infantis parentes ad eum pie celebrandum parabant se precibus, jejunio, castimonia. Trahit nos eodem celebrata in Iucatana unctio in fronte; peccatorum confessio in morbis; honesta sepultura, et certa de præmiis pœnisque post hanc vitam persuasio. &c. Hugo Grotius l. c. p. 11.

daß man in verschiedenen Gegenden Amerikas die Verehrung des Kreuzes, der Reliquien, gefunden habe; und der Inca Garcilasso bezeugt, daß in Cusco, der Hauptstadt des Reiches Peru, ein marmornes Kreuz gestanden sey, aber ohne religiösen Gebrauch. Auf der Insel Haity hatte man das Brodopfer 105) Die Wilden in Brasilien glauben nicht nur an die Unsterblichkeit der Seele, sondern sind auch fest überzeugt, daß die Seelen der Tugendhaften, jenseits der Hochgebirge, in die schönsten Gärten zum ewigen Vergnügen, die Seelen der Feigen aber, die fürs Vaterland ruhmlos gelebt haben, in die Wohnungen des bösen Geistes (sie nennen ihn Aignan) kommen werden, zur ewigen Pein 106). Die Peruaner glaubten nicht nur die Unsterblichkeit der Seele, sondern auch die Auferstehung der Körper; den Spaniern, die, um Goldgeschmeide zu finden, die Grä-

105) Urban. Calveton. novæ novi orbis historiæ L. I. p. 114. Derselbe setzt in der Anmerkung hinzu: Veteris et purioris religionis fugientia veluti quædam vestigia et imitamenta. und beruft sich auf die heil. Schrift Exod. 25.

106) Hist. d'un voyage faict en la terre du Bresil &c. par Jean de Lery, 1585. c. 16. p. 270.

ber durchwühlten, sagten sie: Wir bitten euch, nicht so die Gebeine der Todten zu zerstreuen, damit sie um so schneller und leichter wieder auferstehen können. 107) Bey den Tüpinambäuls hatte sich die Sage erhalten, daß zu den Zeiten ihrer Väter, ein Fremdling, die nämlichen Lehren wie späterhin die Portugiesen und Franzosen, ihnen gepredigt habe. „Ich fand, erzählt Jean de Lery, 108) schickliche Gelegenheit, zu den Wilden in Ofarentin, ihrem bevölkertsten Orte, über die wahre Gottesverehrung zu sprechen. Ich erklärte ihnen, daß wir zu Gott bethen, der zwar unsichtbar sey, aber doch auf unsere Bitten höre und so-

107) Orabant eos, ne ossa humatorum dissiparent, quo videlicet illi ocius et minore negotio resurgerent. Aug. Zarat. Hist. Peru. L. I. c. 12.

108) An eben d. O. p. 253. Er stellt auch die Behauptung auf, daß das Evangelium schon von den Aposteln sey in Südamerika gepredigt worden. Seine Gründe sind Psalm. 19, 5. Rom. 10, 18. Math. 24, 14. Ferner Nicephor. L. II, c. 41. sage ausdrücklich, daß Mathäus das Evangelium gleich anfangs in den Ländern der Cannibalen verkündet habe. Allein diese Beweise mögten wohl zu weit hergeholt seyn. Man vergl. Minerva IV. B. 1805. S. 538.

gar unsere Geheimnisse erspähe; daß der Mensch das edelste Geschöpf Gottes, seinen Schöpfer verehren müsse; daß uns Gott auf unserer weiten Schifffahrt von Gefahren befreyt habe, und sowohl in diesem als im künftigen Leben vor dem Aignan beschützen werde; daß ihnen, wofern sie sich von der barbarischen Gewohnheit, Menschenfleisch zu essen, lossagen würden, das nemliche Glück bevorstehe. Auch habe ich manches über den Sündenfall und über die Rechtfertigung durch Christus eingeschaltet." Mehr als zwey Stunden hörten sie mir mit der größten Aufmerksamkeit und Verwunderung zu, endlich erhob sich ein ehrwürdiger Greiß und antwortete: Eure Rede erinnert uns an das, was unsere Großväter öfters erzählt haben; vor langer Zeit und vor vielen Monden wäre ein Mair (ein Ausländer) hieher gekommen, auf euere Art gekleidet und bärtig; er hatte eben so gesprochen, um sie zum Dienste euers Gottes zu bringen, aber fruchtlos. Darauf hätte er sich entfernt, und nach ihm wäre ein anderer Mann gekommen, der das Schwert, als Sinnbild des Fluches, ihnen überbracht hätte; und seitdem wüthe der Krieg und Wechselmord.

Auch bey den Mexikanern fanden viele christliche Cäremonien statt. Auf die Frage des Cortez, woher sie dieselben erhalten hätten, antwortete ihm der König Montezuma: Seit einer langen Reihe von Jahren sey hier (in Mexiko) eine fremde Nation gelandet, die wegen ihrer Rechtschaffenheit und Frömmigkeit gute Aufnahme gefunden habe. Indessen könne er weder den Ort ihrer Herkunft, noch ihren Namen sagen. Ferner:

„Es hatte sich eine Sage erhalten, wie vor siebenhundert Jahren, als die Araber Spanien überschwemmten, ein portugiesischer Erzbischof, sieben Bischöfe und viele Christen mit ihren Heerden weit über dem großen Weltmeer auf einer Insel, genannt Antillia oder Septemtirade, Zuflucht gefunden." 109) Diese Auswanderung aus Portugall fällt in den Zeitpunkt, wo der westgothische König Roderich in einer Hauptschlacht, die er bey Xerez de la Frontera den Mauren unter Anführung des Tarik lieferte, eine gänzliche Niederlage erlitt, die Reiche Spanien und Lusitanien und das Leben verlor. Dieß geschah 714. Ueber siebenhundert Jahre nachher wurde ein portugiesischer Seefahrer, ausserhalb Gibraltar, durch

109) Joh. v. Müller sämmtl. Werke. II. Thl. S. 512.

widrige Winde in ein westliches Land verschlagen, und traf dort sieben Städte, deren Einwohner portugiesisch redeten und sich sorgfältig erkundigten, ob die Mauren noch in Spanien herrschten? Dieß geschah 1447, und wird von den spanischen Historikern Galvaô und Gomera verbürgt. 110)

Wenn man die großen Fortschritte bedenkt, welche die Portugiesen seit dem Anfang des fünfzehnten Jahrhunderts in der Länderkunde machten; so kann gegen die Wahrheit einer solchen Erzählung kein erheblicher Zweifel statt finden. Durch den Krieg mit den Mauren in der Barbarey und

---

110) Ant. Galvaô tradato dos descobrimento anticos y modernos. Lisboa. 1731. f. Fr. Lopez de Gomara la historia general de las Indias. Anv. 1554. 12. Die wörtliche Uebersetzung aus ersterem lautet beym Purchasius also: Anno CI‍CCCCXLVII. Portugallus quidam navigans extra fretum herculeum, adversis ventis in remotam insulam Occidentem versus abreptus fuit, et in ea invenit septem civitates, quæ Portugallorum lingua loquebantur, et interrogabant, an Mauri adhuc vexarent Hispaniam, unde amisso Roderico fugati sint? Putant hanc regionem fuisse novam Hispaniam.

durch die Flotten, welche nach der Eroberung von Ceuta längs der afrikanischen Küste auf dem atlantischen Meere hinsegelten, wurden wieder-entdeckte Länder und Inseln einer langen Vergessenheit entrissen. Der König Johann I. von Portugall übertrug seinem Sohne, Don Heinrich, die höchste Leitung aller portugiesischen Entdeckungsreisen. Derselbe beorderte hiezu einige Schiffe unter den Befehlen des Don Gonzalvo Zarco, und mit diesem verband sich Jean de Morales, ein Edelmann aus Sevilla. Als sie auf Puertosanto ankamen, das Zarco 1418 gefunden hatte, so erzählten die dortigen Portugiesen, daß man, wegen einer undurchdringlichen Finsterniß, nicht weiter kommen könne. 111) Allein Morales verachtete diese Sage; man schiffte weiter, und so wurde am 8. July 1419 die Insel Madera (wo aber schon 1344 der englische Kapitain Masham

111) On s'imaginoit, qu' après avoir perdu la vue des rôtes, il étoit impossible d'y retourner, sans un secours miraculeux de la providence; cette prétendue obscurité passoit pour un abime sans fond, ou pour une des bouches de l'enfer. De la Harpe l. c. T. I. p. 220.

gelandet hatte) entdeckt: Sie lag ganz öde und mit Wäldern überwachsen, aus deren Niederbrennung — der Brand soll sieben Jahre gedauert haben — sie die harzige Erde gewannen, die nun die köstlichsten, aus Cypern hieher verpflanzten, Reben nährt. Ums Cap Bajadoc wagten sie sich erst 1439, lange davon abgehalten durch die furchtbaren Vorstellungen, die man sich von den Ländern des heissen Erdgürtels machte; 1440 erreichten sie das weisse, und 1446 das grüne Vorgebirg. An den Cap Verdischen Inseln landeten sie 1449 und drangen 1463 bis Sierra Leone. Einige ihrer Schiffe verirrten sich auch unter der Linie hindurch; die Insel St. Thomas wurde 1471 und Arnobon 1472 entdeckt. Es wurden neue Flotten ausgerüstet, feste Städte an der Küste von Guinea und Congo erbaut, bis endlich Vasco de Gama den Weg, um das Vorgebirg der guten Hofnung, zur Ostküste Afrika's und von da nach Ostindien bahnte.

Was die Fahrten der Portugiesen auf dem Wege nach Amerika betrifft, so ist es strittig, ob die Ehre der Entdeckung der Azoren (Sperberinseln), eines Archipels, welchen J. G. Eichhorn 112) das wahre Thor von Amerika nennt, dem Gonzalvo Velho aus Portugall, oder dem Martin Behem gebühre.

Martin Behem, von Geburt ein Nürnberger, stammte aus einer adelichen Familie, studirte von seiner frühsten Jugend an Geographie und Astronomie, und genoß den Unterricht des berühmten Joh. Müller, der, von seiner Vaterstadt Königsberg in Franken, Regiomontanus hieß. Erfüllt von dem großen Gedanken, daß es Antipoden und ein gegen Abend gelegenes festes Land gebe, ging er 1459 zu Isabellen, Tochter des port. Königs Johann I, und Regentin der Herzogthümer Burgund und Flandern. Sie gab ihm ein Schiff, womit er die Insel Fayal entdeckte, und auch diese Insel erhielt er von der großmüthigen Fürstin als Eigenthum. Da er im J. 1482 auch das Königreich Congo auf der Küste von Afrika entdeckt, und Gold und andere Kostbarkeiten von daher nach Lissabon mitgebracht, und im darauf folgenden Jahre den Weg nach Brasilien gefunden hatte, ja sogar bis an die Magellanische Strasse, oder bis zum Lande der wilden Patagonen gekommen war;

---

112) Geschichte der drey letzten Jahrhunderte. VI. B. S. 288.

so wurde er im J. 1485 den 18. Febr. vom Könige Johann II. von Portugall feyerlich zum Ritter geschlagen, und zum Gouverneur der Insel Fayal ernannt. Im J. 1492 reiste er nach Nürnberg, um seine Vaterstadt und seine Familie wieder zu sehen; hier verfertigte er eine Erdkugel, ein Geschenk für die dortige Stadtbibliothek, und ging zurück nach Lissabon, wo er im Julius des Jahres 1506 starb. 113) Kurz zuvor, nemlich 1501, hatte es der Portugiesische Hof, nach den Entdeckungen des Colombo, für rathsam gefunden, die Entdeckungen des Ritters Behemira (diese Endung gab er seinem Namen, um ihn volltönender und der Sprache der neuen Heimath gleichförmiger zu machen) zu benützen; eine Maaßregel, welche vielleicht mehr eine Folge der Eifersucht war, die immer zwischen Spanien und Portugall geherrscht hatte, als des Wunsches, vortheilhafte Ansiedelungen in Brasilien zu machen, wohin Albarez de Cabral den Weg Behems glücklich fand.

Aber nicht genug, was von den Normannen und Waltern angeführt worden, auch ein Deutscher, werden Deutsche sagen, soll dem Christoph

113) v. Murr Lebensbeschreibung des Ritters Martin Behem.

Colombo eine Ehre rauben, die ihm bis jetzt unsere Geschichtsbücher beygelegt haben? Brasilien soll Behemia, und die Magellanische Strasse die Behemische heissen? Zur Rechtfertigung mögen folgende Beweisstellen dienen.

Hartmann Schedel, ein gleichzeitiger Historiker, schreibt in seiner Chronik (gedruckt zu Nürnberg 1493.): „Im Jahre unsers Herrn 1485 rüstete Johann II. König von Portugall, ein Mann von großem Charakter, einige Galeeren aus, verproviantirte sie, und schickte sie gegen Süden, jenseits der Säulen des Herkules. Er gab das Commando einem Portugiesen, Namens Jakob Camus, und Martin Behem, aus Nürnberg, in Oberdeutschland, aus der Familie von Bonna entsprossen, einem in der Geographie sehr bewanderten, und der Strapazen zur See gewohnten Manne, der durch seine Erfahrung und langen Seereisen sich eine völlige Kenntniß von den Längen und Breiten des Ptolemäus im Occident erworben hatte. Diese beyden Seefahrer schifften unter dem Schutze Gottes immer weiter im Süd-Meere, passirten die Linie, ohne sich weit vom Ufer zu entfernen, und kamen so nach dem andern Theile der Erdkugel. Hier sahen sie stehend mit dem Gesichte nach Osten gekehrt, ihren Schatten gegen Mittag zu ihrer Rechten fallen. So entdeckten sie durch ihre Geschicklichkeit eine uns bis jetzt noch unbekannte Welt, wohin, außer den Genuesern, die es aber vergebens versuchten, keiner es wagte vorzudringen. Nach Verlauf von zwey Jahren und zwey Monaten, kamen sie, mit einem durch das Clima erlittenen großen Verlust an Menschen, wieder nach Portugall zurück."

Diese Stelle ist auch in den Text der Geschichte eingeschaltet worden, welche Aeneas Sylvius, hernach Pabst Pius II, über den Zustand von Europa unter dem Kaiser Friedrich III. hinterließ.

In den Noten, welche Petrus Mataei im J. 1490 zum Canonischen Rechte gemacht hat, steht die Nachricht: Die ersten Reisen der Christen nach den neuen Inseln nahmen unter Heinrich, Sohn des Johann (I.), Königs von Portugall 2c. ihren Anfang. Als er starb, setzte Alphons V. sein Unternehmen fort; Johann (II.) ahmte dem Alphons, mit Hülfe des Martin Behem, eines sehr geschickten Seemanns nach, so daß Portugall bald vor allen berühmt wurde.

Der Geschichtschreiber Cellarius sagt ausdrücklich: Behem kannte nicht nur die Insel Fayal (welche er zuerst, wie auch die andern Inseln entdeckte, welche die Portugiesen Azoren nennen, und wir Flandrische, wegen der Gefährten des Behem); sondern er ging noch weiter nach Süden, bis an die letzte Meerenge, die hernach Ferdinand Magellan, indem er seiner Spur folgte, 114) passirte, und der er seinen Namen gab.

Der italienische Astronom Riccioli (in seiner verbesserten Geographie) ruft aus: „Ehre sey dem Behem, Ehre sey dem Columbus! Beyde waren große Seefahrer; aber Columbus hätte nie an seine Reise nach Amerika gedacht, wenn Behem nicht sein Vorgänger gewesen wäre. Sein

---

114) Ferd. Magellan befand sich einst im Zimmer des Königs von Portugall, und sah daselbst eine Charte von Amerika, von Behem gezeichnet. Den Weg dieses großen Seefahrers zu verfolgen, unternahm er hierauf 1519 eine Reise. Hieronym. Benzon aus Mayland, der vierzehn Jahre lang Amerika durchreiste, und 1550 eine Beschreibung dieses Welttheiles herausgab, erwähnt der Behemischen Charte. Eine Copie davon hat man zu Nürnberg, wohin sie Behem selbst geschickt hatte, aufbewahrt. M. vergl. Pigafetta's Reisebeschreibung.

Name ist nicht so berühmt, als die Namen des Columbus, Americus und Magellan's, obgleich er es mit mehrerem Rechte zu seyn verdient."

Nun noch einige authentische Aktenstücke aus dem Archive zu Nürnberg.

„Herr Martin Behem, Ritter, Sohn des Herrn Martin Behem von Scopperin hat unter der Regierung des Königs von Portugall, Johann II. gelebt, auf einer Insel, die er selbst entdeckt, und der er den Namen Fayal gegeben hat: sie liegt bey den Azorischen Inseln im westlichen Ozean."

„Martin Behem, der mehrere Jahre den Atlantischen Ozean befahren hatte, kannte vor Christoph Columbus die Americanischen Inseln, und vor Ferdinand Magellan die Meerenge, welche seinen Namen führt. So daß lange vorher, ehe Magellan an seine Entdeckungsreise dachte, er für den König von Portugall auf einer Landcharte die ganze Lage der Küsten dieser berühmten Meerenge aufzeichnete." Diese Behauptung wird durch deutsch geschriebene Briefe des Behem, vom J. 1486, unterstützt, die im Archive zu Nürnb rg gleichfalls niedergelegt sind. 115)

115) Die obigen und mehrere hieher einschlägige Te-

Also die Portugiesen haben unter der Leitung des Martin Behem eines Nürnbergers, Amerika eher entdeckt, als die Spanier, unter der Leitung des Chr. Colombo, eines Genuesen.

Mit den Portugiesen haben die Spanier in Entdeckung neuer Inseln und Länder wettgeeifert. Sie setzten sich allmälig in den Besitz der Kanarien, zu deren Eroberung schon der Infant von Castilien, Don Louis de la Cerda im J. 1344 Versuche machte. Vom Pabste Clemens VI. zum Könige dieser Inseln ernannt, rüstete er zwey Schiffe aus, landete mit 120 Mann in Gomara, wurde aber zurückgetrieben. Glücklicher gedieh im J. 1393 eine Unternehmung auf Lanzerotta. Joh. von Bentacour, ein französischer Edelmann, brachte durch Hilfe des Castillischen Königs Heinrich III, ausser Gomera und Lanzerotta auch Fuertaventura, Palma und Ferro in seine Gewalt, und vererbte sie auf seinen Vetter Menaldi, von dem sie, nach mehrmaligen Kauf und Verkauf,

---

weisstellen enthält das politische Journal 1805. I. B. Neue historische Untersuchungen und Aufschlüsse über die Entdeckung von America; ein wichtiger Beytrag zur Geschichte dieser großen Begebenheit. Im Auszuge aus den Memoiren der philosophischen Gesellschaft in America.

an Fernando Peraza, einen Edelmann aus Sevilla, kamen. Endlich wurden sie, nebst Groß-Canaria und Teneriffa, Eigenthum der spanischen Krone. 116)

Die alten Namen einiger dieser Inseln waren: Ombrios oder Pluvialia, Capraria, Nivaria, Junonia und Canaria, deren Name auf die anderen übergieng. Die Araber nannten sie Al-Jazayr, Al-Khaledar, d. i. die glücklichen Inseln, nach dem Namen, den ihnen das Alterthum beygelegt hat. Bald nachdem Ptolemäos, der berühmte Geograph von Alexandrien, den ersten Meridian, um die geographische Lage der Oerter zu bestimmen, auf denselben genommen hatte, verschwand ihr Andenken aus der Geschichte, bis sie von den Arabern wieder entdeckt wurden. 117)

Das Reich, das jetzt den wilden Tyrannen von Fez und Mequinez zugehört, war, unter dem Namen Afrika, die vornehmste der römischen Pro-

116) Fr. L. de Gomara la hist. gener. Lib. V.

117) Illæ post Jubæ et aliorum veterum inquisitionem diu nostris hominibus ignotæ manserunt. Urban. Calvet. l. c. p. 416. Eichhorn am a. O. Seite 312.

vinzen. Alle angesehenen Männer im alten Rom besaßen hier Landhäuser und Güter, und zogen diese, wegen der reizenden Lage, dem gesunden Clima und der Fruchtbarkeit des Bodens, selbst den Ländereyen im Narbonnesischen Gallien vor. Seine Küsten und Häfen nach dem Ozean zu sind nur eine Tagfahrt von den Passatwinden entfernt; die Araber, die schon am Anfange des achten Jahrhunderts das Gebiet des Islam vom Ganges bis zum atlantischen Meer, über Indien, Persien, Syrien, Aegypten, Afrika und Spanien ausgedehnt hatten, konnten daher leicht den Uebergang zu den Kanarien finden. Auch hatten sie frühzeitig bedeutende Fortschritte in der Astronomie und Geographie gemacht. Al Edrisi schrieb seine Erdbeschreibung zur Erklärung eines silbernen Globus: Nach einer Stelle aus ihm wird es mehr als wahrscheinlich, daß man zu seiner Zeit schon Nachrichten von den Antillen gehabt habe. Im atlantischen Ozean, sagt der nubische Geograph, liegt ein Eiland, Saale, dessen weiberähnliche Einwohner ganz bartlos sind. ꝛc.

Im J. 1147 haben die Araber Lissabon verloren, in dessen Besitz sie vierhundert drey und dreyßig Jahre gewesen sind. Während dieses Zeitraumes unternahmen sie, von diesem Hafen aus, eine Entdeckungsreise auf dem Weltmeere. Ihre westsüdliche Fahrt dauerte fünf und dreißig Tage, bis sie an einer Küste landeten, wo sie **rothfarbige** Menschen und einen Mann antrafen, der die **arabische** Sprache redete. Da ihnen die Kanarien längst bekannt waren, so kann, wie Hr. de Guignes dafürhält, hier nur Amerika gemeint seyn. Und doch waren diese Araber nicht die ersten, die dahin kamen; denn sie fanden schon einen, der ihrer Sprache mächtig und entweder aus ihrer Nation, oder mit derselben im Verkehre war. 118)

Obwohl die politische Größe der Araber von kurzer Dauer war, so haben sie doch den Ruhm der Schifffahrt sehr lange behauptet: die Einwohner von Oman sind noch in neuerer Zeit vortreffliche Seeleute. 119)

Das Kalifat wurde durch innere Kriege zerrüttet; eine Provinz nach der andern erhob sich

118) Ibn al Wardi Perle der Wunderdinge. Abgedruckt aus dem Manuskript der Paris. Bibliothek. Paris 1789.

119) Niebuhrs Beschreibung von Arabien.

zum selbstständigen Staate; türkische Miethlinge bemächtigten sich der höchsten Gewalt, und ihre Herrschaft in Palästina führte die Kreuzzüge herbey, und mit ihnen italienische Flotten. Mächtig auf dem schwarzen Meere, wo ihnen die Halbinsel Krim gehorchte, in Syrien, wo der Pabst Lukas II. ihre Besitzungen 1144 bestättigte, und auf Corsika, das ihnen 1120 die besiegten Pisaner abtretten mußten; führten die Genuesen auch glücklichen Krieg mit den Arabern in Spanien. Sie verheerten 1146 Minorka und die Küste von Granada, und eroberten im folgenden Jahre Almeria und Tortosa. Aus Sardinien hatten sie schon 1015 die Sarazenen vertrieben.

Der gekrönte Dichter, Petrarcha, der als Schriftsteller viele aus den Alten gesammelte lehrreiche Fakta, die längst aus dem Gedächtnisse der Menschen verschwunden waren, verbreitet hat 120), erzählt nun auch: daß schon zu den Zeiten seiner Väter eine genuesische bewaffnete Flotte nach den kanarischen Inseln gesegelt

120) Wie C. Meiners in seiner historischen Vergleichung der Sitten und Verfassungen ꝛc. des Mittelalters. III. Band. S. 141 die Bemerkung macht.

sey 121). Es ist aber bekannt, daß Petrarcha im J. 1304 gebohren wurde. Zwey Genueser, Tedisio Doria und Ugolino Vivaldi haben ein andersmal, nemlich ums Jahr 1291, zwo Galeeren ausgerüstet, um ausserhalb Kadix den Weg nach Indien zu finden; sie steuerten westlich — und kamen nicht wieder 122). Sind sie vielleicht auf dem atlantischen Meere durch Stürme verunglückt, oder in venetianische Gefangenschaft ge-

121) Eo siquidem et patrum memoria Genuensium armata classis penetravit.

122) Tedisius Auria et Ugolinus Vivaldus duabus triremibus privatim comparatis et instructis . . . aggressi sunt maritimam viam ad eum diem orbi ignotam ad Indiam patefaciendi fretumque Herculeum egressi, cursum in occidentem direxerunt; quorum hominum . . . . . qui fuerint casus, nulla ad nos unquam fama pervenit. Foglietta in Hist. Genuens. Lib. V. Hiemit stimmt ein gleichzeitiger Schriftsteller überein: Parum ante ista tempora Ianuenses duas paravere omnibus necessariis munitas Galeas, qui per gades Herculis in fine Hispaniæ situatas transiere. Quid autem illis contigerit, jam spatio fere trigesimi ignoratur anni. Pietro d' Abano Conciliat. Differ. 77.

rathen? denn Venedig war Genua's Nebenbuhlerin: Der Krieg zwischen beyden Freystaaten war gerade um die Zeit dieser Entdeckungsreise, als Pietro Gradonico in Venedig, Simon Spinola und Hubert Doria in Genua die höchste Würde bekleideten, wieder ausg. brochen, und endigte sich 1299, nachtheilig für die Venetianer, durch einen Waffenstillstand. 123)

Daß diese auch das atlantische Meer befahren und sogar die Antillen gekannt haben, folgt nothwendig aus den Landcharten, die sie davon besaßen. Auf einer Charte, die Andreas Bianco von Venedig im J. 1436 von älteren Charten copirte, findet sich eine Insel, mit dem Namen Antillia, welche, nach der angegebenen Lage, keine andere als St. Domingo seyn kann 124). Unter

123) Genua war damals sehr mächtig. La flotte Génoise — étoit composée de cent-soixante Galeres, et montée de quarante-cinq mille hommes, tous Génois. Histoire des Revolutions de Génes. T. I. p. 98. Paris. 1750.

124) On voit sur cette ancienne Carte manuscrite une Isle, qui ne peut être que Saint-Domingue, au point, où elle est marquée. Memoir. philos. &c. par Don Ulloa. T. II.

den Handschriften, die der Cardinal Bessarion der öffentlichen Bibliothek von Venedig hinterließ, war auch ein Portolano (Beschreibung der Seehäfen), das der Venetianer Candidus im J. 1424 entworfen hatte, mit einer Seecharte vom atlantischen Ozean, worauf die antillischen Inseln abgezeichnet sind. 125)

Dergleichen Nachrichten sind um so auffallender, da behauptet wird, daß man erst seit Paolo Toscanelli (gest. 1482) angefangen habe, bey den Seereisen mehr astronomische Beobachtungen durch Werkzeuge zu brauchen. 126)

Ich habe in dieser Schrift zu zeigen versucht, daß mehrere durch Handel und Macht hervorragende Völker des Alterthums und Mittelalters den Continent und die Eilande von Amerika, zu verschiedenen Zeiten und an verschiedenen Küsten, berührt haben, und theils durch Zufall, theils mit

p. 475. Not 2. Der Graf Carlo Carli versichert in seinen Briefen über Amerika, diese Charte in Venedig gesehen zu haben. Man vergl. K. Mannert's Geogr. Histor. statistisch. Zeitungslexikon: Amerika.

125) K. Mannert am a. O.

126) Dissert. dell' Acad. Etrus. di Cortona. N. XIII. Fiorenz. 1791.

Absicht über das atlantische Meer dahin gelangt sind. Hiemit wollte ich keineswegs behaupten, daß Amerika auf diesem Wege bevölkert worden sey. Nur von Kolonieen war die Rede. Ich trete vielmehr der gewöhnlichen Meinung bey, daß dieser Welttheil seine Einwohner aus dem nordöstlichen Asien bekommen habe, und beschränke mich, zur festern Begründung derselben, noch einige Thatsachen anzuführen.

Was schon der Geschichtschreiber Latius bemerkte 127), daß Samojeden und ihre Hausthiere über das Eismeer nach Amerika gehen konnten, wurde neuerdings durch den russischen Capitain Billing bestättiget 128). Er lief von Sakutgu in

127) Potuerunt rhedis suis super glacialem Oceanum vehi et ita in Americam venire, atque eodem itinere etiam plurima animalia his familiaria potuerunt transcendere.

128) Er hatte gegen das Ende der Regierung der Kaiserin Catharina II. diese Entdeckungsreise unternommen; die Resultate aber wurden sehr geheim gehalten, bis sie der Engländer Mr. Sour, der in Gesellschaft des russ. Capitains war, im J. 1801 in London bekannt machte. Billings Vorschlag war, auf dem festen Lande von Amerika eine Colonie anzulegen, von wo man einen direkten Handel mit China eröffnen könnte.

Sibirien aus, segelte den Fluß Belena hinunter, bis ins Eismeer; sodann nahm er seinen Weg östlich nach dem Vorgebirge Tschalotskoi, das Behrings Meerenge begränzt. Er machte dabey die merkwürdige Entdeckung, daß zwischen diesem Cap und dem festen Lande von Amerika das Eis nie gänzlich schmelzt, und fand in diesen ewigen Eismassen durch tiefe Spuren eine Art von Strasse, die die wilden Thiere machen, die jährlich diesen Weg nehmen, wenn sie im Sommer von den Insekten (?) aus den amerik. Wäldern in die freyen Ebenen des nördlichen Asiens gejagt werden.

Unter den Koliuschen am festen Lande findet man mehrere blonde und weisse Menschen, wie an der Nordwestküste von Amerika 129). Die Kalifornier bewahrten die Tradition, daß man auf dem andern Erdenkreise bärtige und bekleidete Völker antreffe 130). Die Bewohner der amerikanischen Inseln, gegen Kamtschatka hin, stimmen

129) Grigori Schelechof's Reise von Ochotsk nach Amerika, aus dem Russischen übersetzt von Logau. Petersb. 1793.

130) Gentes in alio orbe barbatas et vestitas reperiri. Acosta in Novi Orbis Historia natur. et mor.

in den geringsten Kleinigkeiten mit den Völkern des nordöstlichen Asiens überein. Zwar ist das nordwestliche Amerika viel milder und hat schönere Waltungen und Pflanzen, als das nordöstliche Sibirien; der Grund dieser Verschiedenheit liegt aber darin, daß die amerikanischen Ufer den Nordwinden weniger ausgesetzt sind, als die sibirischen. Farbe, Bildung, Bartlosigkeit, Aussprache, Kleider und Schiffe, der Menschen auf der Beringsinsel, waren denen der nordöstlichen Sibirier vollkommen ähnlich, so daß sich Steller überzeugte, daß die Amerikaner aus dem nordöstlichen Asien entsprungen seyen 131). Auch durch die Art des Tättowirens, da nemlich die Wilden im nordwestlichen Amerika nicht blos Nasen und Ohren mit allerley Ringen behängen, sondern nebstdem einen weiten Einschnitt in die Unterlippe machen, auch durch solche unnatürliche Verzierung erhalten diese überzeugenden Beweise einen Zusatz 132). Die

> 131) J. W. Steller's Reise von Kamtschatka nach Amerika, mit dem Comandeur-Capitain Bering. Petersb. 1798.
>
> 132) A Voyage round the World &c. by Captain George Dixon. Lond 1789. p, 68. Er entdeckte die große Meerenge zwischen dem 50°

anadyrischen Eilande, vom 60ten bis 67ten Gr. nördl. Br. haben Bewohner, die in Kleidung und Lebensart den Wilden in Nordamerika gleich sind. Ihr Gesicht bemahlen sie mit rothen und blauen Farben; die Ohren behängen sie mit glänzenden Steinchen, gebleichten Fisch= und Vögelknochen. Ihre Haare sind auf dem Scheitel in einen Büschel zusammengebunden 133) Die Aleuten machen offenbar eine Mittelrace zwischen den Mongolen und Amerikanern aus. Sie sind von mittlerer Größe, und haben zum Theil gute, gefällige und stark ausgebildete, vielen Charakter andeutende Gesichtszüge. Die Hautfarbe ist dunkel, schmutzigbraun. Ein sonderbarer Gebrauch von Verschönerung des Körpers besteht darin, daß sich Viele von ihnen die untere Lippe, einige Linien unter der Mundöffnung und parallel mit derselben, einen bis anderthalb Zoll lang aufschlitzen, und in diese Oeffnung verschiedene Zierrathen von Glaskorallen anbringen. Die Tättowirung war

und 55° N. Br. welche die Charlotten — und andere Inseln vom festen Lande trennt, und Dixons Strasse heist.

133) Den vollständigen Bericht über diesen Archipel findet man in Dohm's Encyklop. Journal XII. St. 1774. S. 431 — 452.

ehemals, besonders bey dem weiblichen Geschlechte, sehr gebräuchlich 134).

Girtanner und Kant halten die Amerikaner für mongolischen Ursprungs. Viele dieser Wilden führen ein Nomadenleben. Sie wandern von Ort zu Ort, und wohnen auf Wiesen, gleich den Tatarn, unter großen Zelten von Thierhäuten. Ihre Nahrung ist Haber und Büffelfleisch. Die Erzählungen, daß Reisende in der Tatarey eine Huronin aus Canada, und in China eine Spanierin aus Florida angetroffen haben, kann man bey C. Meiners 135) nachlesen.

Girtanner und Beckmann behaupten auch, daß der Tabak keine amerikanische, sondern eine ursprünglich asiatische Pflanze sey 136). Das Tabakrauchen ist eine uralte Sitte der Chinesen, beyden Geschlechtern gemeinsam. Eine der Kurilischen Inseln hat Einwohner, die ganz nach chi-

---

134) G. H. v. Langsdorf's Bemerkungen auf einer Reise um die Welt in den Jahren 1803 — 1807. II. Thl. S. 34.

135) In der mehrmals angezeigten Schrift über die Bevölkerung in Amerika. S. 197.

136) Götting. gel. Anzeig. Jahrg. 1796. III. B. S. 1711.

nesischer Art gekleidet sind 137). Eben so wie bey den alten Mexikanern, hat auch bey den Tatarn der Gebrauch geherrscht, zur Leichenfeyer einer fürstlichen Person, mehrere Unterthanen zu opfern. Der tatarische Kaiser Schunschi, Vater des Kanghi, befahl bey dem Tode eines seiner Prinzen, daß sich dreyßig Menschen tödten sollten, um der abgeschiedenen Seele Ruhe zu verschaffen. Ein Gebrauch, den die Chinesen verabscheuen, und den sein Nachfolger mit großer Sorgfalt abschafte 138). Die vom Sturm zerstreute Flotte, welche Kublai Chan in der zweyten Hälfte des dreyzehnten Jahrhunderts nach Japan sandte, fällt mit der Entstehung der beyden Reiche Peru und Mexiko in eine Zeit 139). Die Einwohner auf der Nootka-Bucht (Nootka liegt 49° 36' nördl. Breite) umwickeln ihren Kindern den Kopf sehr fest mit einer Binde, um ihn, wie bey den Chinesen, Zuckerhutförmig zu machen 140). Aus

137) Ebendas. Jahrg. 1790. II. B. S. 1136.
138) du Halde. T. I. p. 539.
139) J. R. Forsters Geschichte der Entdeckungen ꝛc.
140) Voyage, made in the Years 1788 and 1789. from China to the Northwest coast of America &c. By John Meares. Lond. 1790.

chinesischen Jahrbüchern hat auch de Guignes die Nachricht ausgezogen, daß die Chinesen im J. Chr. 458 nach der Nordwestküste von Amerika in das Land Quivira (oberhalb Kalifornien) einen großen Handel 141) getrieben hätten. Ein Indianer, welcher zur Nation der Jazus gehörte, und in der Absicht, das Land zu entdecken, woraus der Sage nach die Stammväter gekommen wären, von der Nordseite des Missuri bis an das Meer eine Reise von einigen hundert Stunden gemacht hatte, erzählte, daß jährlich fremde bärtige Männer, auf kleinen Schiffen, deren jedes ohngefähr dreyßig Personen faßte, an der Küste landeten, um gelbes wohlriechendes Holz zu fällen. Die Statur war klein, der Körper dick und in vielfarbige Leinwand gekleidet; um den Kopf, der verhältnismäßig groß und auf dem Scheitel langbehaart gewesen, hatten sie ein Stück Zeug gewickelt; ihre Strümpfe und Schuhe waren sehr weit und sich alle gleich. Sie hatten Feuergewehre, deren Kugeln aber nicht so weit trafen, als die französischen, weil das Pulver

---

141) Wahrscheinlich mit Seeotterfellen, dem Hauptartikel für den chinesischen Markt.

ungleich und grobkörnig war. Du Pratz hielt dafür, daß diese bärtigen Männer Inselbewohner in der Nähe von Japan wären. Amerika hing, wie B. S. Barton vermuthet 142), ehedem mit Asien zusammen, selbst bis zum 52. Grad der Breite, und auf diesem Wege, wovon noch die Inselkette Trümmer zeige, scheine es seine erste und größte Bevölkerung, so wie auch die Thiere, erhalten zu haben. Derselbe suchte auch aus der Verwandtschaft der Sprachen zu zeigen, daß alle amerikanischen Sprachen einen gemeinschaftlichen Ursprung aus Asien hätten. In der Sprache der Lesgi, eines Volkes auf dem Kaukasus, und der Tungusen finden sich unbezweifelt manche delawarische Wörter; hiebey ist zu bemerken, daß die meisten nordamerikanischen Sprachen zur Stammsprache der Delaware gehören.

Kehren wir zum Hauptgegenstand unserer Untersuchung zurück. Um dem Satze „Amerika war früher bekannt, als man gemeinhin annimmt" historischen Glauben zu verschaffen, haben wir noch mehr als ein Hinderniß zu beseitigen. Die

---

142) In dem Nro 30 angeführten Werke. M. vergl. die Rezension desselben in den gött. gel. Anz. 1799. 96. St.

Normänner, wird man sagen, waren blos Freybeuter, die sich des Raubes wegen von den Küsten nicht entfernten; die Walier glückliche Abentheurer, die aus Mangel der nöthigen Kenntnisse und Werkzeuge keine bestimmte Schifffahrt in das Land Owineths unterhielten. Die Erzählung von den Arabern, daß dieselben schon vor dem 12ten Jahrhundert nach einer amerikanischen Insel oder Küste geschifft hätten, wird durch den von Ibn Alwardi angeführten Umstand verdächtig, daß auch der König dieser Insel Schiffe auf Entdeckung ausgeschickt habe, die einen ganzen Monat nach Westen segelten, bis sie vor Finsterniß nicht weiter konnten. Und wie hätte eine Nation, wie die Chinesische, deren Schifffahrt und Schiffsbau noch gegenwärtig auf einer tiefen Stufe der Kindheit steht, in so frühen Zeiten, zu so entfernten und gefährlichen Handelsreisen, ja sogar zu einer nordöstlichen Durchfahrt, die in den neusten Zeiten noch vergeblich versucht worden, geschickt seyn können? Was von den Phöniziern, Griechen und Römern gesagt worden, übersteigt allen Glauben; und der platonische Mythos von der Atlantis ist ein altes Märchen! Nur seit Erfindung des

Compaſſes, dieſen hat aber ein Neapolitaner erſt zu Ende des dreyzehnten Jahrhunderts erfunden; nur ſeitdem haben ſich die Europäer, von den Küſten fern, in den atlantiſchen Ozean gewagt, und neue Inſeln, neue Länder entdeckt!

Allerdings wichtige Einwendungen. Ihre Wiberlegung liegt zwar zum Theile ſchon in den von mir angeführten Thatſachen; aber ich halte mich verpflichtet, andern Theils darauf zu antworten, um einer hiſtoriſchen Anſicht, die viel Ueberzeugendes für mich hat, einen allgemeinern Beyfall zu erwecken, als ſie vielleicht dem erſten Anſcheine nach erwarten konnte.

Die Normänner waren nicht blos Freybeuter. Einen merkwürdigen Beweis von der ausgedehnten Schifffahrt im frühen Mittelalter liefert die Schifffahrt des Normanns Ochter und des Engländers Wulfſtan, die längs der Küſte von Norwegen bis zur Mündung des Dwinaſtroms ſegelten, und bey ihrer Rückkehr dem Könige Alfred von England meldeten, daß ſie ſo weit gegen Norden gekommen ſeyen, als gewöhnlich die Wallfiſchfänger zu kommen pflegten. Dieſe Schiffer befuhren alſo einen Seeweg, der erſt nach einem

Zeitraum von mehr als sechshundert Jahren wieder gefunden wurde 143).

Daraus, daß Madoc mit seinen Waliern nicht mehr in das väterliche, mit Bürgerblut befleckte, Haus zurückkehrte, folgt nothwendig, daß die neugewählte Heimath unbekannt blieb, bis erst nach Jahrhunderten fremde Ankömmlinge Spuren davon antrafen. Als Madoc selbst zum zweytenmal aus Wales dahin absegelte, so konnte er sich nicht mehr dem Zufalle überlassen; seine Fahrt war eine durch Beobachtung des gestirnten Himmels, durch Richtung nach dem Winde, vielleicht auch durch den Compaß bestimmte Fahrt 144).

Was die Araber betrifft, so kannten sie die runde Gestalt der Erde. Al Edrisi arbeitete nach einem schon vorhandenen silbernen Globus. Aber

---

143) Neue leipziger Jugendzeitnng N. 50. 1814.

144. Der bekannte Commentator zu den Memoiren des Don Ulloa sagt von diesen Waliern S. 498. Qu' ils y ayent passé sans boussole, j'ai peine à le croire. Mais étoit-elle connue à cette époque? Je le crois. Albert-le-Grand, né vers la fin du même Siècle que Madoc, parla de la boussole dans le suivant, comme d' une chose très-connue. Doch hierauf werden wir noch zurückkommen.

die Furcht der Seefahrer, über den Erdball hinabzugleiten, und in die Abgründe des Ozeans zu gerathen, war eines der größten Hindernisse, mit welchen noch Kolombo zu kämpfen hatte. Auch den Entdeckern von Madera graute vor dem Meere der Finsterniß 145). Daß aber, wie Ibn Alwardi erzählt, Araber, von Lissabon aus, die ferne Fahrt unternommen haben, dafür bürgt der von ihm angegebene Umstand, daß man zu seiner Zeit die Gegend dieser Stadt, wo die Abentheurer gewohnt hatten, das Quartier der Betrogenen hieß; etwa deßwegen, weil diese nicht die erwarteten Schätze mitbrachten.

Die Chinesen haben, von den ältesten Zeiten her, die Schifffahrt getrieben, obwohl sie in der Kunst derselben den Europäern jetzt weit nachstehen. Sie rühmen sich, seit etlichen tausend Jahren alle indianischen Meere bis ans Vorgebirge der guten Hoffnung beschifft zu haben; und

---

145) Man sehe die 111. Anmerk. La Harpe am a. O. führt weiter an, daß die Portugiesen, ihrer furchtbaren Beschreibung nach, wirklich in dieß Meer der Finsterniß gerathen seyen, und sich nur mit vieler Mühe wieder zum Lichte hervorgearbeitet hätten.

man weiß dieß in Indien 146), wie Huet sagt, der in den Jahrbüchern der persischen Stadt Ormus die Bestättigung hievon fand. In Teng-fong-Hyen steht der hohe Thurm, auf welchem der chinesische Astronom, der über tausend Jahre vor Christi Geburt lebte, eine Sternwarte errichtet hatte; dort zeigt man noch ein Instrument, dessen er sich bediente, um den Mittagsschatten zu finden, und mittels desselben die Polhöhe zu bestimmen. Ihm schreiben sie die Erfindung des Compasses zu 147). Seit dem Verluste einer Flotte bey Ceylon unterließen sie die Schifffahrt nach Amerika, und im J. 1072 gaben sie auch ihre Herrschaft in Indien und Pegu auf 148).

146) l'on Scait dans les Indes, qu' ils (ces Chinois) ont été autrefois grands navigateurs, et qu' ils ont parcouru l'Orient, jusqu' au cap de Bonne-Esperance. Huet. L. c. p. 338. Man vergl. p. 42.

147) Allgemeine Welthistorie, fortgesetzt von J. S. Semler. VI. Th. §.§. 284, 345.

148) G. Horn. de Origg. Americ. p. 446. beruft sich hiebey auf Boterus: non exiguam quoque Americæ partem iis (Sinensibus) paruisse. Sed cum classem 800 navium apud Zeilon amisissent, insulas illas et transmarinas pro-

Barrow vermuthet, daß der Compaß, wie er in China gebraucht wird, dort ursprünglich erfunden worden 149). Schon du Halde hat dieß behauptet 150). Ihre Magnetnadel erhält ihre Kraft nicht von dem Magnetstein, sondern von einer seltsamen Vermengung von Operment, Zinober, Sandrak und Feilstaub von Stahl, welches zu Pulver gerieben und mit Blut vermischt wird. Die in diesen Teig gelegten Nadeln, mit noch einiger Vorrichtung, zeigen dann gerade nach Norden, und sind den Veränderungen der Abweichung nicht unterworfen, wie die europäischen Magnetnadeln.

Die Nadel des chin. Compasses ist nicht über drey Zoll lang; an einem Ende befindet sich eine Art von Lilie, und am andern ein Dreyzack. Der Rand der Büchse ist in 24 Theile getheilt, welche die Winde bezeichnen, und auf Sand gestellt, um

    vincias deseruisse contentos suo, id est, sinensi orbe. Und auf Purchasius: Sinenses in India et Pegu ab A. Ch. 1013 ad 1072 regnasse &c.

149) Reisen in China. Erster Theil. Hamburg bey Hofm. 1805.
150) Description of China. Vol. I. p. 529. sq.

vor der Erschütterung des Schiffes sicher zu seyn. Je nachdem der chin. Pilote segeln will, richtet er das Vordertheil des Schiffes nach dem Rhombus, mittels einer seidenen Schnur, welche die Fläche des Compasses in zwey Hälften von Norden nach Süden theilt. Dieß verrichten sie auf zweyerley Weise, obwohl der Unterschied gering ist. Zum Beyspiel, Nordost zu segeln, setzen sie diesen Rhombus dem Kiele des Schiffes parallel, und drehen alsdann das Schiff so lange, bis die Nadel der Schnur parallel ist; oder sie ziehen die Schnur dem Kiele parallel, und machen, daß die Nadel auf Nordwest zu liegen kömmt. Was das Merkwürdigste ist und auf einen den Chinesen und Japanesen gemeinsamen Gebrauch des Compasses hindeutet: Die in China üblichen Magnetnadeln werden alle zu Nangasaki in Japan gemacht. 151)

Die wahrscheinlichste Vermuthung über die Erfindung des Compasses ist nach Theoph. Fr.

151) Heinze's Beschreibung der Chinesen. II. Band S. 152. Eine vollständige Beschreibung des Chinesischen Seecompasses, nach Zeichnungen, welche Dr. Lind aus China gebracht hat, findet man S. 92. in Tib. Cavallo's Abhandlung über die Lehre vom Magnet. Leipz. bey Schwikert 1788.

Ehrmann, daß die Eigenschaft der Magnetnadel, sich nach Norden zu kehren, schon frühe im Mittelalter, gewiß schon zu Ende des eilften Jahrhunderts bekannt war, während der Kreuzzüge von den Arabern, und vielleicht durch diese aus China nach Europa kam. 152)

Für die im indischen, mittelländischen und atlantischen Meere, in der Nord- und Ostsee ausgebreitete Schifffahrt der Phönizier bedarf es keines Beweises mehr, und sollte noch Jemand dergleichen verlangen; so werden ihn Heeren's Ideen der Politik und des Handels vollkommen befriedigen.

Was von den Griechen, und besonders von den Römern erzählt worden, übersteigt zwar allen Glauben, oder, richtiger gesprochen, kömmt Vielen unerwartet vor. Aber noch möge man den Don Ulloa über die Alterthümer hören, die in Amerika gefunden werden, und den griechischen und römischen oder ägyptischen höchst ähnlich sind. 153) Auch Agatharchides, wegen der Schnel-

---

152) Geschichte der merkwürdigsten Reisen seit dem zwölften Jahrhundert. Frankf. 1791.

153) On tire aussi des tombeaux des vases de terre cuite, très-ressemblans à ceux que l'on

ligkeit der alten Seefahrer, verdient hier eine Stelle: Lastschiffe kamen innerhalb zehn Tagen aus der Palus Maiotis in die Häfen von Rhodos. Andere Schiffe gelangten in weniger als fünf und zwanzig-Tagen aus der Palus Maiotis nach Aegypten, und von da, den Nil aufwärts, nach Aethiopien. 154)

Wenn Plinius 155) Recht hat, daß man vom Vorgebirge Syagros (heut zu Tage Cap de Fartak), vermittels des Windes Favonius, über die hohe See nach Patale kam, einer an der Mündung des Indus liegenden Stadt; so waren die Alten geschickt genug, durch die vereinigte Anordnung ihrer Segeln eine so üble Richtung zu verbessern, als es die Richtung des vom Aequinoctialweste wehenden Favonius war, dessen man

> trouve parmi les antiquités Grecques et Romaines ou Egyptiennes, et dont les mêmes figures sont représentées dans les Hiéroglyphes et les Mosaïques de ces tems-là. Memoir. phil. p. 99.
>
> 154) Excerpta quædam ex Agatharch. de rubro mari, ap. Geogr. vet. Scriptores gr. min. Oxon. 1698. T. I. p. 48.
>
> 155) L. VI. c. 23.

sich bediente, um an einen Ort zu gelangen, der zehn Grade über eben dieser Richtung lag. Denn Syagros lag unter dem fünfzehnten und Patale unter dem fünf und zwanzigsten Grad nördl. Breite. Man verstand also die Kunst, hundert und fünfzig geogr. Meilen weit, mitten auf hoher See, von einem Orte zum andern zu fahren.

Auch nach dem Verfasser des Periplus vom rothen Meere, welcher sagt, daß diese Fahrt vermittels des Windes Libonotus, der ehemals Hippalus hieß 156), unternommen wurde, bleibt die Entfernung dieselbe; und es ist falsch, daß die Fahrt der Alten immer Küstenfahrt gewesen sey.

Uebrigens würde ich gerne zugeben, daß die ägyptischen Nachrichten von der Atlantis, und die carthagischen von einem großen festen Lande jenseits der Säulen des Herkules, auch auf die afrikanischen Inseln anwendbar seyen, wenn das Ansehen der Schriftsteller, die davon Erwähnung thun, des Platon, Aristoteles, Diodoros, Theophrastos und auch des Amm. Mar-

---

156) Der Wind Libonotus hieß ehemals Hippalus, zur Ehre dieses geschickten Seemanns, der ihn entdeckt hatte. Hippalus lebte, nach Dodwel, unter dem Kaiser Claudius.

cellinus, der sich über die Größe jenes Eilandes oder Continents, im Verhältnisse zu Europa, so bestimmt aussprach, nicht entgegenstünde.

Will man die Bekanntschaft der Alten mit Amerika auch aus dem Grunde für unwahrscheinlich halten, weil in ihrer Naturkunde kein einziges Produkt vorkommt, das Amerika ausschlußweise eigen wäre; so betrachte man nur, wer denn die gewesen sind, die auf besagte Entdeckungsreisen ausliefen: Weder Botaniker noch Mineralogen, auch keine Condamine's; sondern Kaufleute, denen es blos um Gold und Silber zu thun war. Sagte denn nicht Amm. Marcellinus, daß sich auf den ägyptischen Pyramiden Bilder von Thieren befänden, die einer fremden Welt angehörten? Mit Asien standen die Römer in vielseitigem Verkehre, und doch giebt es eine Menge asiatischer Naturprodukte, wovon die römische Naturkunde nichts wußte.

Wenn die Phönizier, wie aus den gegebenen Stellen folgt, nach den Cassiteriden, und die Chartager nach dem großen Eilande im atlantischen Meere eine bestimmte Schifffahrt unterhalten haben; wenn die Chinesen, schon tausend Jahre vor chriſtlicher Zeitrechnung im Beſitze des Compaſſes, in den perſiſchen Meerbuſen und bis an die afrikaniſche Küſte, des Handels wegen, einſt geſchifft ſind; iſt es nicht möglich, daß ſie den Phöniziern, mit denen als dem, uns bekannten, größten Handelsvolke des Alterthums, ſie in Berührung kommen mußten, den Gebrauch der Magnetnadel gelehrt hätten? Geſetzt auch, man wolle eine hieher einſchlägige Stelle des Ariſtoteles für unterſchoben halten; ſo gewinnt doch dieſe Muthmaſſung dadurch Wahrſcheinlichkeit, daß ſein Schüler Theophraſtos die Kehrkraft des Magnets kannte. 157)

157) Καὶ (λίθοι) τορευτοί τυγχάνεσι καθάπερ καὶ ἡ μαγνῆτισ αὐτή λίθοσ. Sunt quoque (lapides) tornatiles, qualis et ipse lapis magnetis est. Theophr. p. 397. Edit. Heins. Der Beyſatz ἡ μαγνῆτισ αὐτή deutet gleichſam auf eine allgemein bekannte Eigenſchaft. Quasi vero magnes hac demum mundi senecta vim acceperit ἡγεμονικήν, hac caruerit antiquitus. — Vix enim sibi persuadere potuerunt antiqui, tam bardos fore hodiernos scriptorum suorum lectores, ut, notato speciali emphasi lapide Heraclio, vim ejus non adverterent. J. H. Horbius de Origg. Ame-

Der berühmte Albertus Magnus, der in der ersten Hälfte des dreyzehnten Jahrhunderts lebte, beruft sich auf eine Stelle aus dem Buche des Aristoteles „περὶ τῆσ λίθε" worin die Kraft des Magnets sich nach Norden zu kehren, und der Gebrauch, den davon die Seefahrer machten, ausdrücklich beschrieben wird 158). Man weiß, wel-

ric. c. 2. Von der Ziehkraft des Magnets spricht Ptolem. L. VII, c. 2. ganz bestimmt, Theophr. aber im allgemeinen: ἕτεροι δὲ ὁλκήν τινα ποιεῖν. Alii attractum quendam facere. Auch Aristoteles kannte dessen Zielkraft.

158) Die von Alb. Magnus in seinem Traktat von den Mineralien aus diesem Buche des Aristoteles entlehnte Stelle lautet wörtlich: Angulus magnetis cujusdam est, cujus virtus convertendi ferrum ad Zorum (id est, Septentrionem); et hoc utuntur nautæ. Angulus vero alius magnetis illi oppositus trahit ad Aphron (id est, polum meridionalem); et si approximes ferrum ad Zorum, etsi ad oppositum angulum approximes, convertit se directe ad Aphron. Alb. Magnus nahm hier die arabischen Worte Zoron, Aphron ins Latein auf, so wie unsere Muttersprache noch jetzt mit vielen ausländischen, mitunter arabischen, Worten: Süd, Nadir, Zenith ꝛc. gemischt ist. Anselm. Boetius de Boot,

che Vorliebe die Araber für die Schriften des Aristoteles hatten, mit welcher Sorgfalt sie dieselben in ihre Sprache übertrugen. Viele Werke der Alten sind verloren gegangen, und hierunter mag auch dieß Buch περὶ τῆσ λίθȣ gewesen seyn. Diogenes von Laerte erwähnt desselben. 159)

Daß man im Alterthum die Kenntniß von der Magnetnadel gehabt hatte, suchten schon Levinus Lemnius und Cölius Rhodiginus zu beweisen. Fullerus 160) wollte sogar die Versoria des Plautus 161) mit dem Compaß für identisch halten;

einst der Leibarzt des Kaisers Rudolph II., sagt in seiner Historia Gemmarum et lapidum. Lugd. Bat. 1647. L. II. p. 460. Comperimus insuper, cum, qui primus hujus lapidis usum invenerit, Flavinus fuisse nuncupatum. At Albertus Magnus primus omnium ejus facultates scriptis tradidit: quem cum suo tempore in usu jam esse animadverteret, veteribus non ignoratum fuisse credidit, atque Aristoteli ejus facultates fuisse perspectas.

159) Diog. Laert. Vit. Philosoph. L. V. n. 26.
160) Miscell. L. IV. c. 19.
161) Mercat. Act. V. Sc. II. v. 34.
    Hic ventus nunc secundus est, cape
               modo versoriam.

aber nach Adrian. Turnebius ist hier von einem Segeltau die Rede. Andere sagen, daß erst Marco Polo die Magnetnadel 1295 aus China gebracht habe. Allein sie war schon früher in Europa bekannt. Vinc. von Beauvais 162) beschreibt die Art, wie man zu Anfang des dreyzehnten Jahrhunderts die Magnetnadel zum Gebrauch der Schifffahrt verfertigte; Bruneto Latini 163), in dem nemlichen Jahrhundert, spricht vom Nutzen, den die Schiffahrt hieraus zieht, und der Cardinal Jac. von Vitri, der 1244 starb, sagt dasselbe 164). Der Provenzal. Dichter Guyot, der

Und im Trinumn. Act. IV. Sc. III. v. 20:
Cape versoriam, recipe te ad herum.
162) Specul. Doctr. T. II. L. VIII. c. 19.
163) Falconnet. Hist. de l'acad. des Inscript. T. VII. p. 298.
164) Adamas — — ferrum occulta quadam natura ad se trahit. Acus ferrea, postquam adamantem contigerit, ad Stellam septentrionalem — — semper convertitur; unde valde necessarius est navigantibus in mari. Hist. Hierosol. C. 89. Den Magnet, um seinen Werth zu bezeichnen, weil er den Schiffern höchst nöthig ist, nannte man auch Demant. Die Franzosen

nach Fauchet, noch ums J. 1200 lebte, erwähnt schon, in einer Sirvente, des Compasses: Die Schiffer, dieß ist der Sinn seiner Worte, besitzen eine untrügliche Kunst, den Polarstern zu finden, sie bedienen sich hiezu einer Nadel, die mit einem schwarzen Steine, der das Eisen anzieht, bestrichen ist, und die sie frey auf dem Wasser schwimmen lassen, damit sich dieselbe drehen kann 165). Unter Philipp dem Schönen war die Kunde der Magnetnadel in Frankreich allgemein 166), und in Itali-

> nennen ihn Aimant, und einige Chemiker schrieben ihm deßwegen die Eigenschaft zu, daß er die Herzen zur Liebe anziehe. Anselm Boetius de Boot. l. c. p. 461.
>
> 165) Icelle étoile ne se muet,
>   Un art font, qui mentir ne puet
>   Par vertu de la Marinette,
>   Une pierre laide, noirette,
>   Ou le fer volontiers se joint &c.
> Die auf Kork befestigte Nadel ließ man auf dem Wasser schwimmen. Der Name eines solchen Magnetkästchens, Marinette, scheint einen schon seit längerer Zeit gemachten Gebrauch zur Schifffahrt anzuzeigen. Guyot von Provins, ein Gibelline, befand sich 1181 beym kaiserlichen Hoflager Fridrichs I. zu Mainz.
>
> 166) Mezeray Hist. de France 2d ann. 1302.

en mögen sich die Amalfitaner zuerst derselben bedient haben. Es ist aber falsch, daß dem Flavio Gioja aus Amalfi, der ums J. 1260 ihren Gebrauch lehrte, die Ehre ihrer Erfindung gebühre, wie Robertson behauptet.

Vasco de Gama fand bey den Arabern in Mozambik den Gebrauch des Compasses. In der Meinung, daß der portugiesische Admiral mit seinen drey Schiffen aus demjenigen Theil von Nordafrika, der von Mauren bewohnt werde, Handels wegen hieher käme, zeigten sie sich ganz freundlich, und nahmen ihn und die Seinigen als mahomedanische Glaubensbrüder auf. Sie versprachen auch, zwey erfahrene Steuermänner zu geben, die ihn von Mozambik nach Calecut in Ostindien geleiten sollten. Als aber die angenehme Täuschung verschwand, und die Araber merkten, daß sie es mit Christen zu thun hätten, so trachteten sie nur auf Mittel zu ihrem Untergange; aus Haß und Gewinnsucht. Wie erfahren sie aber in der Nautik und wie ihr Compaß beschaffen gewesen, will ich aus einem portugiesischen Geschichtschreiber selbst, der Vasco's de Gama Zeitgenosse war, in der Uebersetzung mittheilen.

„Die hölzerne Kapsel ist zwey bis drey Zoll hoch. Etwas kürzer als sie selbst, erhebt sich aus ihrer Mitte ein oben scharf zugespitzter Stift; und auf diesem Stifte sitzt die Nadel, die sehr fein aus Eisen gefertigt, dünn und schmal, und zur Kapsel in solchem Verhältnisse ist, daß sie dem Durchmesser derselben an Länge nicht gleichkoṁt. In der Mitte der Nadel ist unterwärts eine länglichte Hohlung angebracht, womit sie auf der Spitze des Stiftes aufgesetzt, und bey gleichen Schwingungen aufrecht gehalten wird, daß sie beyderseits gleiche Winkel macht. Hierauf wird die Magnetnadel, damit sie nicht herausfallen, oder sonst hängen bleiben kann, mit einem Deckel von Glas zugedeckt, und dieser selbst befestigt. Da nun der Magnet die Eigenschaft besitzt, nicht nur Eisen an sich zu ziehen, sondern immer einen Pol gegen Norden, den andern gegen Süden zu wenden, und diese Eigenschaft auch dem Eisen mittheilt; so wird, wenn man auf die Spitze der zu magnetisirenden Nadel den Nordpol des Magnetes aufsetzt und überstreicht, diese selbst nordpolarisirt, und wendet sich, vermöge der in ihr erregten Eigenschaft, immer nach Norden, wenn man sie so aufhängt, daß sie sich frey nach allen Richtungen bewegen kann. Durch diese Vorrichtung belehrt konnten die Seefahrer auch auf dem hohen Meere, bey bewölktem und finsteren Himmel, ihren Lauf nach der Lage des Nordens nehmen; und weil dieß Werkzeug große Aehnlichkeit mit einer Nadel hat, so nannten sie es Schiffernadel.

Weil es aber dem menschlichen Geiste leicht ist, zu nützlichen Erfindungen immer noch neue hinzuzufügen; so gaben auch die Araber diesem Werkzeuge eine andere Einrichtung. Aus den Eisenstäbchen setzen sie eine Figur von gleichen Seiten und ungleichen Winkeln, wie ein Rhombus geformt, zusammen, und kleben dieselbe zwischen zwey runde Scheiben von Papier, die eine von unten, die andere von oben, ein. Durch das Streichen mit dem Magnete wissen sie nun die Figur so zu lenken, daß einer von den spitzigen Winkeln gegen Norden, der andere gegen Süden, und der eine von den stumpfen Winkeln gegen Osten, der andere sich aber gegen Westen kehrt. Der Durchmesser dieser Scheibe ist jedoch kürzer, als jener der Figur. In der Mitte der Scheibe selbst ist ein ausgehohltes Plättchen von Metall befestigt und so eingerichtet, wie wir oben von der Einrichtung der Mitte der Nadel angeführt haben. Die Spitze des Stiftes, worauf das ausgehohlte metallene Plättchen ruht, trägt die ganze schwebende Scheibe, welche nicht nur die Stelle der oben beschriebenen Magnetnadel vertritt, sondern auch alle Richtungen der das Schiff treibenden Winde sichtbar darstellt. Es sind nemlich auf der obern Scheibe Nord, Süd, Ost und West, so wie alle dazwischen liegenden, Gegenden, aufs genauste gezeichnet.

Die auf solche Art zu Stande gekommene Vorrichtung hatte nur noch die Unbequemlichkeit, daß die Scheibe, so oft das Schiff, wie es unvermeidlich ist, von Fluthen hin und her geworfen wurde, gegen das Hinter = oder Vordertheil, oder gegen eine von beyden Seiten des Schiffes inclinirte, so, daß sie entweder in der Tiefe hängen blieb, oder in der freyen Bewegung nach Norden gehemmt wurde. Dieß zu verhindern haben sie eine sehr kluge Maaßregel getroffen.

Um den Raum der Kapsel ist, etwas unter dem Rande, ein metallener Ring fest angelegt. Auf beyden entgegenstehenden Seiten des Ringes befindet sich ein stahlener Zapfe, der in die Oeffnung eines größern Ringes, welcher vom kleineren ein wenig entfernt ist, hinein paßt. Beyde Zapfenstifte sind so gleich, und einander gegenüber so angebracht, daß, wenn aus beyden nur ein ununterbrochener Stift würde, derselbe den Diameter jenes Ringes enthielte. Der äussere Ring aber hängt in jenen beyden Zapfen, wie in seiner Achse. Auf dieselbe Weise gehen nun wieder vom äussern Ringe zwey andere Zapfen heraus, in gleicher Entfernung, und ruhen auf dem Rande eines zirkelförmigen hohlen Gefäßes, worin die ganze Vorrichtung hängt. Diese äusseren Zapfen aber stehen den inneren so gegenüber, daß, wenn aus den vier Zapfenstiften nur zwey gerade Stäbe geformt würden, dieselben sich unter rechten Winkeln durchschnitten. Weil nun das Instrument unten von Metall, folglich schwer ist, und den Boden nirgends berührt; so behält es, bey jedem Stoße, die Mitte, und steht, wenn auch das Schiff von den tobendsten Wogen hin und her geschleudert wird, vermöge seiner hängenden Lage, seiner Beweglichkeit und seines Gewichtes, immer wasserrecht horizontal. Nichts also kann dessen nördliche Richtung hindern.

Solcher Werkzeuge bedienten sich schon damals jene Araber; nebstdem hatten sie Seecharten. Mit Quadranten beobachteten sie auch die mannichfaltigen Veränderungen der Sonne, und wie weit jedes Land vom Aequinoctial=Kreise entfernt sey. Als Seefahrer aber waren sie so geschickt, daß sie an Wissenschaft dessen, was zur Schifffunst gehört, und an Uebung, den portugiesischen Seefahrern wenig nachgaben." 167)

Doch abgesehen davon, so gibt es noch mannigfaltige Denkmäler, woraus ehemalige Niederlassungen afrikanischer und asiatischer Völker in Amerika mehr als wahrscheinlich werden. Ich übergehe, daß die Indianer an den Katarakten des Orinoco bey Maypures die Sonne Camosi nennen, und daß ihr phönizischer Name Camosch ist; ich will auch die Frage nicht untersuchen, ob Atl (das in der mexikanischen und tatarischen Sprache „Wasser" bedeutet), in den zusammengesetzten Worten, Atlan, mit der Atlantis in Verbindung stehe: Alex. v. Humboldt hat sie schon

---

167) Hieronymi Osorii, Lusitani, Silvensis in Algarbiis Episcopi, de Rebus Emmanuelis, Lusitaniæ Regis &c. Col. 1597. p. 25 — 27.

unterſucht 168). — Aber woher rühren denn die koloſſalen Trümmer des Azteken-Pallaſtes, der ein amerikaniſches Palmyra, ſich verlaſſen in einer einſamen Steppe ſüdlich an der Gyla erhebt, die mit dem Rio Colorado vereinigt, dem californiſchen Meerbuſen zueilt? Sollte vielleicht, wie der nemliche große Naturforſcher vermuthet, ein Stamm der Hiongnu, welcher laut der chineſiſchen Jahrbücher, unter ſeinem Anführer Punon in Nordſibirien verſchwand, bis Amerika vorgedrungen und wie in Pannonien, als Hunnen, wie in Corea als Neujapaneſen, ſo in Mexiko als Azteken erſchienen ſeyn? Oder iſt dieſer Azteken-Pallaſt, der eine Quadratmeile Flächeninhalt einnimmt, als der Ueberreſt einer chineſiſchen Colonie anzuſehen, die von Quivira ſüdwärts nach Californien ſich ausbreitete, und obgleich ſie ſelbſt zu Grunde ging, das koloſſale Werk ihrer Hände, und mit dieſem den Geiſt der chineſiſchen Nation beurkundet? — Woher die uralte Inſchrift, mit tatariſchen Buchſtaben, welche die Franzoſen in den Grasfluren von Canada, 900 fr. Meilen weſtlich von Montreal, nebſt vielen Pfeilern und

168) Alex. v. Humboldt in der Note zum IIten Band ſeiner Reiſe nach den Tropenländern.

gehauenen Steinen fanden? 169) Kann es noch
einem Zweifel unterliegen, daß kultivirte asiatische
Völker einst diese Ebenen durchstreift und hin und
wieder sich angesiedelt haben? Auch auf den hohen
Gebirgsebenen von Mexiko und Peru findet man
Ruinen von Pallästen und Bädern; hierogly-
phische Steinzüge auf einem isolirten Granitfels,
und in den Klüften von Uruana und Encaramada;
Granit - und Syenitfelsen voll symbolischer Bilder in einem menschenleeren Erdwinkel, der von
vier Flüssen, dem Orinoco, Atabapo, Rio Ne-
gro und Cassikare eingeschlossen, und in einem Um-
kreise von mehr als 500 Quadratmeilen unbe-
wohnt ist: Die angränzenden indianischen Völkerstämme sind auf der untersten Stuffe menschlicher
Bildung, weit entfernt, Hieroglyphen in Stein
zu graben. Noch ein Grund, warum die Sagen
der Alten von Atlantis nicht auf die Kanarien anwendbar sind, liegt darin, daß die Einwohner
der Atlantis die Früchte der Ceres nicht gekannt,
die Guanchen aber Gerste gebaut, und das be-
rauschende Getränk, Gofio, daraus bereitet haben. 170) Vielleicht war das antillische Meer,

169) Kalm's Reisen III. Thl. S. 416 — 419.
170) Diodor. Sic. L. III.

wie das mittelländische, vor dem Erdbeben, das Atlantis zerstörte, ein inländischer See, der, bey jener traurigen Katastrophe, plötzlich mit dem Ozean in Verbindung trat. Die Inseln Cuba, Hispaniola und Jamaica enthalten noch die Reste des hohen Glimmerschiefer-Gebirges, welches diesen See nördlich begränzt hatte. Eine Untiefe, die man die Schwelle des Mittelmeeres nannte, und Inseln füllten noch zu Strabons, Plinius und Mela's Zeiten die Meerenge zwischen den Säulen des Herkules. Alex. v. Humboldt 171) nahm auch wahr, daß das atlantische Meer in stetem Wirbel kreist, mittels dessen die wärmeren mexikanischen Gewässer über die Bank von Neufundland an den alten Continent treiben, und wodurch westindische Cocosnüsse nach Irland und Norwegen gelangen. Mußten nicht diese ausländischen Früchte die Neugierde der normännischen Schiffer erregen, das westliche Land, wo dieselben gedeihen, aufzusuchen? Er hat gleichfalls bestättiget, daß westliche Strömung und tropische Winde die Fahrt von den Kanarien nach dem neuen Continent begünstigen: Die Meeresfläche

---

171) Ansichten der Natur. I. Th. S. S. 20, 23, 50, 153, 225, 309, 325, 333.

ist vom 21°. n. Br. und 25° w. L. bis zur Nordostküste von Südamerika so ruhig und von so niedrigem Wellenschlage, daß ein offenes Boot sie sicher befahren kann. Was hätte also die Phönizier gehindert, in diesen Theil von Amerika zu kommen, wenn auch damals der Compaß nicht bekannt gewesen wäre?

Unter den Helden des fünfzehnten Jahrhunderts, welche im atlantischen Ozean die Inseln und Küstenländer entdeckten, wo der Finger der Zeit die Spuren afrikanischer Kolonieen verwischt hatte; wo Normänner ihren Untergang gefunden, Walier unkenntlich geworden; unter den Helden, welche die Straffe der Chartaginenser, der Pharaone und Ptolemäer 172) gesucht haben, war keiner glücklicher, hat keiner eine bleibende Verbindung angeknüpft, als Christoph Colombo. Seine Ahnen stammten ursprünglich aus dem adelichen Hause der Pilistrelli, und besaßen im Montferratischen Gebiete das Ritterschloß Cuccaro 173). Sein Vater war aber durch Unfälle

---

172) Nach dem Ausdruck Joh. v. Müller's XVII. B. allg. Gesch. S. 430.

173) Ortus est Almirans Columbus Cucureo, Genuensis civitatis municipio; majores ejus

so herabgekommen, daß er sich Anfangs zu Savona, hernach zu Genua von Tuchweberey nähren mußte. Chr. Colombo's langer Aufenthalt in dieser, damals so berühmten, Handelstadt veranlaßte die allgemeine Meynung, daß er ein Genuese gewesen sey, obwohl die Burg Cuccaro, wovon die Nachkommen seines Geschlechts sich noch gegenwärtig nennen, sein Geburtsort war. Die früher gelungenen Versuche portugiesischer Seefahrer, die von Behem erhaltenen Nachrichten 174), venetianische Seecharten und eigene Beobachtungen der Seewinde 175) erregten seinen Entdeck-

oriundi Placentia erant Liguriæ urbe, nobili stirpe Pilistrellorum. Urb. Calvet. Novi Orbis Hist. p. 62. Cuccaro scheint in dem Zeitraum, wo sich Savojen um Montferrat's Erbe stritt, von den Genuesen besetzt gewesen zu seyn; bis Kaiser Carl V. die Nachfolge in diesem Herzogthum dem Hause Gonzaga von Mantua zusprach. Man sehe die allg. geogr. Ephemerid. XXXI. Band. S. 112.

174) Garcilasso sagt ausdrücklich, daß Colombo die Nachrichten eines berühmten Geographen, Martin Behenira (so nennt er den Behem, mit portug. Endung) vorzüglich benützt habe.

175) Christofano Colombo Genovese, il quale havendo molte volte navigato per lo mare Oceano, et congetturando per l'observatio-

ungsgeist, entflammten seinen Muth und erleichterten seinen Unternehmungen einen günstigen Erfolg. Spanische Geschichtschreiber (nicht ohne Verdacht des Neides und der Eifersucht) erzählen auch, Alonzo Sanchez de Huelva, ein andalusischer Seefahrer, sey auf der Reise nach den Kanarien durch Ostwinde an die Küste von Amerika verschlagen worden, und nach vieler Mühe und Gefahr mit drey Matrosen, dem Reste der Mannschaft, die auch bald darauf an Entkräftung gestorben wären, nach Madera zurückgekommen; von ihm habe Colombo nicht nur das Geheimniß des gefundenen Landes, sondern auch sein Reise-Tagbuch und die zugehörigen Charten mitgetheilt erhalten. Gomara, Garcilasso und Mariana 176)

> ne di certi venti quello, che poi veramente gli succedette. Fr. Guicciardini la historia d'Italia. L. VI. p. 173. Edit. Florent. 1561.

176) Die umständliche Nachricht lautet also: Navis quædam in Africæ commercio occupata superioribus annis, ventorum violentia, abrepta ad ignotas terras et littora appulit. In reditu, vectoribus et nautis fame extinctis, navarchus cum tribus aut quatuor sociis Maderam insulam, quæ in ditione Lusitanorum erat, tan-

verſichern dieß. Der Italiener Hieron. Benzon bezieht die Entdeckung des Al. Sanchez auf die Inſel Domingo. So viel iſt indeſſen gewiß, daß ſich Colombo lange Zeit zu Madera aufhielt, ehe er den Entſchluß faßte, auf Entdeckungen in die See zu gehen.

Wollte er dieſen Plan ausführen; ſo bedurfte er mächtiger Beyhülfe. Die Kräfte eines Pri-

> dem tenuit, mortuo quam spiranti similior. Agebat forte in ea insula Christophorus Columbus, natione Ligur (nam et uxorem in Lusitania duxerat), ingentis animi vir, singulari industria, quod erat praecipuum rei nauticae inprimis peritus, excepit is hospitio navarchum: qui longinquae navigationis laboribus fracto corpore brevi extinctus commentaria, quae de tota navigatione confecerat, Columbo reliquit. Quae si vera causa fuit, sive ex astronomica disciplina aut a quodam Marco Polo, medico florentino, edoctus statuit, quasi rem minime dubiam, trans noti orbis terminos etiam ad occidentem solem magna terrarum spatia patere, novas et incognitas gentes habitare, lingua, moribus, superstitionibus dissonas Joan. Marianna in historia de rebus Hispaniae. L. XXVI. c. 3.

vaten reichten nicht hin. Er offenbarte seine Gesinnungen den Königen von England und Portugall. Da man aber nicht darauf achtete, und die Portugiesen insonders bemüht waren, vom ohnlängst durch Behem entdeckten goldreichen Congo möglichsten Nutzen zu ziehen; so begab er sich an den Castillischen Hof, der wegen der geistvollen Königin Isabella, und wegen der Tapferkeit ihres Gemahls, Ferdinand von Arragonien, in großem Ansehen stand. Da nun Colombo hieher nach Barcellona im J. 1484 seine Zuflucht nahm; so erhielt er zwar tröstliche Versicherungen, aber der nicht minder hartnäckige als kostspielige Krieg mit den Arabern — ein Krieg, welcher die Vernichtung der mahomedanischen Herrschaft in Spanien zur Folge hatte — machte es ohnmöglich, seinen Wünschen zu entsprechen. Erst als nach zehnjährigem Widerstande Mahomed el Zaga seine Krone niedergelegt und seine Hauptstadt Granada übergeben hatte; erst jetzt willigte das königliche Paar in seine Bitte, verlieh ihm 17000 Dukaten und die Würde eines Statthalters in den Ländern, die er entdecken würde.

Es war am dritten August des Jahrs 1492, kurz vor Sonnenaufgang, als Colombo mit drey

Fahrzeugen und neunzig Mann Bedeckung sein Abentheuer antrat. In der Nacht des 11. Oktobers nahm er das erste Feuer auf Guanahani wahr; und fand von da aus noch mehrere Inseln; legte auf Hayti den Grund zu einer spanischen Pflanzstadt, bewahrte das Castell mit 39 Mann; und überzeugt in Indien, dem gerühmten Gold- und Gewürzland der Alten, angekommen zu seyn, nannte er die entdeckten Inseln Westindien, segelte wieder ab, und langte, nachdem er acht Monate ausgeblieben war, zu Anfang des Märzes im J. 1493, auf der Rückkehr in Lissabon an. Von hier schickte er dem königlichen Schatzmeister von Spanien, Raphael Sanxis, einen Brief folgenden Inhalts:

„Weil ich weiß, daß dich das Gelingen meines Unternehmens freut; benachrichtige ich dir in diesem Sendschreiben die Begebenheiten unserer Reise und die gemachten Entdeckungen. Dreyßig und drey Tage nach meiner Abfahrt aus Cadiz kam ich in das indische Meer, wo ich sehr viele von unzähligen Menschen bewohnte Inseln gefunden, und alle im Namen unsers glorreichsten Königs, mit ausgesteckten Panieren, ohne einigen Widerspruch in Besitz genommen habe. Der ersten davon gab ich den Namen St. Salvador, weil ich durch den Beystand des Heilands zu dieser und zu den andern gekommen bin: bey den Indiern aber heißt sie Guanahany. Jede der andern habe ich gleichfalls neu benennt: die eine St. Conception, die andere Ferrandina; eine Hysabella, wieder die andere Johanna, und sofort die übrigen. Sobald ich an der ebenbesagten Insel Johanna gelandet war, schiffte ich in westlicher Richtung am Ufer etwas vorwärts, konnte aber wegen ihrer Größe kein Ende finden, so daß ich sie nicht für eine Insel, sondern für das feste Land Chatai gehalten habe. Ich sah aber auf der Seeseite weder Landstädte noch Flecken, ausser einigen Dörfern und Bauernhütten, deren Einwohner, weil ich mit ihnen nicht reden konnte, sobald sie uns erblickten, die Flucht nahmen. In der Erwartung, doch endlich eine Stadt oder Meierhöfe anzutreffen, ging ich noch weiter. Da aber nichts neues aufstieß und der Weg uns nördlich führte, (dem ich auswich, weil die Erde mit Reif bedeckt war) auch die Winde uns hinderten, südlich zu steuern; so mußte ich die Untersuchung aufgeben, kehrte um und kam in eine Bucht, die ich bezeichnet hatte, zurück. Von da setzte ich zwey von unsern Leuten ans Land, mit dem Auftrage, zu forschen, ob daselbst ein König regierte und Städte vorhanden wären. Sie wandelten drey Tage umher, trafen auf unzählige Völker und Wohnungen, die aber klein und ohne einiges Oberhaupt waren. Unterdessen hatte ich von etlichen Indiern, die ich aufgenommen, die Kundschaft erhalten, daß dieß Land eine Insel sey; und so steuerte ich an der Küste östlich bis auf 322 Meilen ans Ende dieser Insel. Dann sah ich 54 Meilen ferne von derselben gegen Osten eine andere liegen, die ich sogleich Hispana nennte. Ich segelte darauf zu, und habe nordöstlich über Johanna hieher 564 Meilen zurückgelegt. Johanna und die übrigen Inseln sind höchst fruchtbar. Dieselbe ist mit vielen sehr sichern und breiten Häfen, wie ich noch nirgends gesehen habe, umgeben; viele große und wohl zu benützende Ströme durchfließen sie; viele hohe Gebürge ragen auf ihr empor. Sämmtliche Inseln sind unvergleichlich schön und mancherley gruppirt, von gebahnten Wegen durchschnitten, voll der höchsten Bäume, verschiedener Art, die bis an die Gestirne reichen und, wie ich glaube, nie ihre Blätter verlieren; denn, als ich sie sah, im November waren sie so grün und geschmückt, wie im May in Spanien. Einige blühten, andere trugen Früchte, andere waren in anderem Zustande, so wie es ihre üppige Natur mit sich brachte. Die Nachtigall schwätzte, und allerley Vögel in unendlicher Zahl hüpften umher. Auf Johanna gibt es sieben bis acht Arten der Palmbäume, die an schlanker Gestalt und Schönheit (gleichwie alle übrigen Bäume, Pflanzen und Früchte) die unserigen weit übertreffen. Zu bewundern sind auch die Fichten, die Felder und breiten Wiesen, die vielerley Vögel, das vielerley Honig, die vielerley Metalle. Nur Eisen wird vermißt. Auf Hispana aber gewähren die größten Gebürge eine reizende Ansicht, blühende Ebenen, Haine und fruchtbare Gefilde laden zur Ansiedelung ein: Bequem sind die Häfen, vortrefflich ist das Flußwasser; wer dieß alles nicht selbst gesehen hat, glaubt es nicht. Doch Bäume, Triften und Früchte sind von denen auf Johanna verschieden. Sie hat einen Ueberfluß an Gewürzen, an Gold und Metallen. Alle Insulaner, soviel ich ihrer sah, gingen nackt bis auf einige Weiber, die sich mit einem Baumblatte oder mit einer hiezu verfertigten Baumwollendecke verhüllten. Ihnen allen fehlt es an Eisen, fehlt es an Waffen, von denen sie weder Kenntniß, noch zu denen sie Geschicklichkeit haben; nicht wegen körperlichen Mängeln (denn sie sind wohlgebildet), sondern wegen Furcht und Verzagtheit. Doch führen sie sonnengedörrte Rohre, an deren Wurzel sie einen nach Degenart zugespitzten hölzernen Pfeil befestigen. Auch hievon machen sie selten Gebrauch. Denn wenn ich zwey oder drey meiner Leute, um Nachrichten einzuhohlen, in Meiereyen schickte, so liefen die Indier haufenweise hinaus, und ergriffen bey Annäherung der Unserigen so schleunig die Flucht, daß Väter die Kinder und diese jene verließen. Nicht als hätten wir ihnen Schaden oder Leid zugefügt, (im Gegentheile, wo ich landete und einige zu sprechen bekam, erhielten sie Tücher und andere Sachen von mir, ohne Umtausch) sondern weil sie von Natur aus schüchtern und zaghaft sind. Wissen sie sich übrigens in Sicherheit, so setzen sie alle Furcht bey Seite. Ihre Einfalt ist dann so herlich, ihre Gutmüthigkeit und Freygebigkeit so groß, daß sie Niemanden von ihrem Eigenthum etwas versagen; vielmehr bieten sie unaufgefodert an. Sie äussern die größte Liebe gegen alle, geben Großes und Kleines, um nichts. Trümmer von Gefäßen, Stücke zerbrochenen Glases, Nägel und Scherben hielten sie für die schönsten Sachen in der Welt; doch habe ich den Unsrigen solchen Tauschhandel untersagt. Es geschah, daß ein Matrose für eine Schnalle so viel Gold erhielt, als drey Dukaten schwer sind. Andere bekamen weniger für Sachen von geringerem Werthe. Um den Besitz von neugeprägten Silbermünzen und für einige Goldstücke gaben sie dem Käufer so viel als er verlangte; etwa anderthalb oder zwey Unzen Gold, oder dreyßig bis vierzig Pfund Baumwolle, deren Gebrauch sie schon kannten. Bruchstücke von Bogen, Wassergeschirre, Krügen und Fässern handelten sie dumm, wie Vieh, gegen Gold und Baumwolle ein. Ich verboth dergleichen, weil ich's für unbillig hielt; und gab ihnen viel schönes Spielwerk, das ich mit mir führte, ohne etwas dafür anzunehmen: Dieß that ich, um sie desto leichter für mich, fürs Christenthum und für die Liebe gegen Spaniens König, Königin, gegen die Großen und Völker unseres Reichs zu gewinnen; ferner damit sie Kostbarkeiten, an denen sie Ueberfluß und wir Mangel haben, fleißig aufsuchen, zusammenhäufen und uns geben. Sie wissen nichts vom Götzendienst, ja sie glauben ganz fest, daß alle Macht und alle Güter im Himmel, und daß ich sammt meinen Schiffen und Schiffleuten davon herabgestiegen sey. In dieser Gesinnung ward ich von ihnen aufgenommen, nachdem sie die Furcht beseitigt hatten. Sie sind auch weder träg noch roh; im Gegentheile besitzen sie viel Verstand und Scharfsinn, und wissen, ich erstaune darüber, von jeder Sache den Grund anzugeben. Sie beschiffen dieß Meer, haben aber nie Menschen gesehen, die nach unserer Sitte bekleidet sind, und nie Schiffe nach unserer Bauart. Sobald wir angekommen waren, ließ ich auf der ersten Insel einige Indier wegnehmen, um sie als Dollmetsche zu gebrauchen. Es gelang nach Wunsch; denn in kurzer Zeit lernten sie uns, anfänglich durch Gebährden und Zeichen, nachher durch Worte verstehen, und waren für uns von großem Vortheile. Aber Einige von ihnen, ohngeachtet

L

des längeren Umganges, den sie mit uns hatten und noch haben, glauben, ich sey vom Himmel herabgestiegen; Andere rufen Anderen zu: Kommt, kommt, und ihr werdet ein Volk himmlischer Abkunft sehen! Deßwegen legten Männer und Weiber, Kinder und Erwachsene, Jünglinge und Greise die vorige Furcht ab, und drängten sich haufenweis um uns her, und brachten Speisen und Getränke, mit unbeschreiblicher Liebe und Güte. Bey jeder dieser Inseln giebt es viele Nachen von dichtem Holze, die zwar von engem Zwischenraume, in der Länge und Form unsern zweyruderigen Schiffen ähnlich, im Laufe aber geschwinder sind. Sie werden nur durch Ruder gelenkt: Einige sind von vorzüglicher, andere von geringer, wieder andere von mittlerer Größe; die meißten aber sind größer, als ein Schiff von achtzehn Ruderbänken. Auf solchen Nachen, die manchmal siebzig bis achtzig Matrosen führen, durchstreifen sie das Meer, und treiben Handel mit den Bewohnern der benachbarten unzähligen Inseln. Hier giebt es keine Verschiedenheit des Stammes; an Gesichtsbildung, Sitten und Sprache sind sich Alle gleich. Dieß nun, daß sie sich untereinander verstehen, bringt uns vielen Nutzen. Ihre Bekehrung zum christlichen Glauben, die, meines Erachtens, unser durchlauchtigster König wünscht, und auch bey ihnen wenig Schwierigkeit finden mag, wird dadurch ungemein erleichtert.

Ich habe schon oben erzählt, wie ich geraden Wegs von Westen gegen Osten an der Insel Johanna vorbeysegelte, und diese Seite derselben 322 Meilen lang fand; ich schließe hieraus, daß sie Großbrittanien an Umfang übertreffe. Auf ihrer westlichen Seite, die nach Aussage der Indianer 180 Meilen mißt, sind zwey Länder (die ich aber nicht besucht habe), mit affenartigen Einwohnern: das eine davon heißt Anan. Was aber die Insel Hispana betrifft, so ist sie größer, als ganz Spanien, von Cadiz an, bis Fuente-Rabia. Ich habe dieselbe, so wie die übrigen Inseln, im Namen unsers unüberwindlichen Königs, feyerlich in Besitz genommen, desgleichen auch eine auf Hispana, die mir vorzüglich wichtig scheint, befindliche große Stadt, die ich S. Nativitad nannte. Hier befahl ich, sogleich eine Burg zu errichten (die nun bereits vollendet seyn wird), wozu ich die nöthige Besatzung, Lebensmittel auf mehr als ein Jahr, eine Caravelle, und geschickte Bauleute zurückließ. Die Zuneigung, die der König dieser Insel zu uns hatte, wird auch in meiner Abwesenheit fortdauern. Er war stolz darauf, sich meinen Bruder nennen zu dörfen, und seine Unterthanen sind ein liebenswürdiges Volk. Sollten sie Muth fassen, und der Besatzung in der Burg schaden wollen; so sind sie dazu unfähig, weil sie ohne Waffen, ohne Kleider und überhaupt gar zu zaghaft sind. Die Besatzung also, vorausgesetzt, daß sie meinen Befehlen Folge leistet, kann ungefährdet die ganze Insel behaupten. Bey den Bewohnern sämmtlicher Inseln ist, soviel ich erfahren konnte, die Monogamie eingeführt; nur den Fürsten und Kaziken ist es erlaubt, gegen zwanzig Weiber zu nehmen. Die Weiber müssen mehr arbeiten, als die Männer; die Güter zum Lebensbedarf sind gemeinschäftlich, und ich weiß nicht, ob hier ein Recht des Eigenthums gilt. Ich habe nicht, wie man vermuthete, Ungeheuer angetroffen, wohl aber achtbare und gute Menschen: Sie sind nicht schwarz, wie die Aethiopier, haben auch keine krausen, sondern herabhängende Haare, und suchen ihre Wohnungen gegen die Sonnenhitze, die hier sehr heftig ist, zu sichern. Denn Hispana ist, wie mich dünkt, 26 Grade von der Aequinoctial-Linie entfernt. Dagegen herrscht auf den Gipfeln der Berge strenge Kälte, welche aber den Indianern durch Gewohnheit, und durch den häufigen und üppigen Genuß warmer Speisen erträglich wird. Ich habe also keine Ungeheuer gesehen; aber auf der Insel Charis, der zweyten nach Hispana auf der Fahrt gegen Indien, gibt es ein wildes Volk, das sich von Menschenfleisch nährt, durch Hülfe vieler Schiffe in den andern Inseln Raub verübt, Bogen und Pfeile führt, und den übrigen Indianern, von denen es sich durch ein, nach weiblicher Sitte, langes Haar unterscheidet, sehr furchtbar ist. Allein ich achte sie so wenig, als die Anderen. Sie verheyrathen sich mit Weibern aus der Insel Matheuni, die keine Arbeiten ihres Geschlechtes verrichten, sondern wie ihre Männer mit Bogen und Pfeilen bewaffnet sind und sich mit Blättchen von Erz, die man in Menge antrifft, bepanzern. Eine andere Insel, die noch größer als Hispana seyn soll, hat unbärtige Einwohner, und einen Ueberfluß an Gold. Insulaner, die ich mitführe, können meine Aussage bezeugen. Endlich in Hinsicht auf meine schnelle Abreise und Rückfahrt bemerke ich nur kürzlich, daß ich für die geringe Beyhülfe, die mir das durchlauchtigste königliche Ehepaar gewährte, so viel Gold bringe, als Ihre Majestäten brauchen, so viele Gewürze, Baumwolle, Mastix (den man bisher nur in Chios fand), Aloeholz, als Sie verlangen; auch Rhabarbar und andere Heilpflanzen, mit deren Auffindung die zurückgelassene Burgbesatzung in S. Nativitad sich beschäftigen wird: denn ich selbst bin nirgends länger, als mich die Winde abhielten, verweilt. Große und unerhörte Entdeckungen, die aber noch größer seyn würden, wenn man, wie nothwendig war, mehrere Schiffe mir gestattet hätte! Das Wunderbare an der Sache ist aber nicht auf meine, sondern auf des Christlichen Glaubens Rechnung zu bringen, und auf die Frömmigkeit des Königs und der Königin. Was menschlicher Verstand nicht fassen konnte, haben Menschen durch Gott ausgeführt, der seine treuen Diener auch dann erhört, wo die Gewährung ihrer Bitten unmöglich scheint. Solches ist mir jetzt widerfahren, da ich erreicht habe, was bisher menschlichen Kräften keineswegs gelungen war. Denn wenn auch Einige von diesen Inseln geschrieben oder gesprochen haben; so geschah es nur durch Umschweife und Vermuthungen, keiner aber behauptet, sie selbst gesehen zu haben; weswegen die Erzählung mährchenhaft schien. Wollen wir also, o König und Königin, mit den Vornehmen und den Unterthanen euerer glücklichsten Reiche und mit der ganzen Christenheit unserem göttlichen Heiland danken, für das glücklich verliehene Geschenk; wollen wir feyerliche Umgänge und Kirchenfeste halten, die Tempel mit Blumenwerk schmücken! Der christliche Name frolocke auf der Erde, wie im Himmel, wegen der Rettung so vieler verlornen Seelen! Auch wir wollen uns freuen, sowohl wegen der Erhöhung unseres Glaubens, als des Zuwachses an zeitlichen Dingen, woran nicht nur Spanien, sondern die gesammte Christenheit Antheil nehmen wird. Hiemit schließe ich die kurze Erzählung meiner Thaten. Lebe wohl. Lissabon den 14ten März."

Uebersetzt aus einer seltenen Schrift, die in die Wiege der Buchdruckerkunst gehört: In laudem serenissimi Ferdinandi Hispaniarum regis, Betlicae et regni Granatae obsidio, victoria et triumphus. Et de Insulis in mari Indico nuper inventis. 1494. Nihil sine causa. J. B. Man ersieht aus diesem umständlichen Berichte, daß Colombo sich die Ehre der Entdeckung zwar zuschreibt, zugleich aber auf frühere, unbestimmte Nachrichten hindeutet; was man für Mährchen hielt, hat er durch die That bestättiget. Doch irrig war sein Wahn, daß der neue Continent die östliche Küste des weit vorgestreckten Asiens und der Orinoco einer der vier Ströme von Eden sey, vom heiligen Wohnsitz des ersten Menschengeschlechtes.

564947

Deuber, Franz Xavier Anselm
Geschichte der Schifffahrt im Atlantischen Ozean.

HAm
D4853ge

NAME OF BORROWER | DATE

University of
Library

DO NOT
REMOVE
THE
CARD
FROM
THIS
POCKET

Acme Library
LOWE-MARTIN